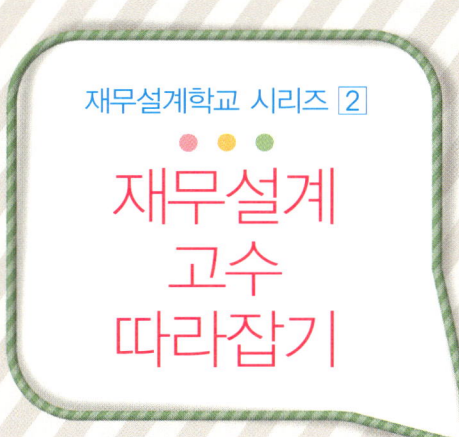

재무설계학교 시리즈 ②

재무설계
고수
따라잡기

재무설계학교 시리즈 2

재무설계 고수 따라잡기

재무설계사의 시선에서 바라본
대한민국 가정 경제

김현용 · 이원선 공저

OPEN PAGE
시작하면서...

재무설계사의 일상을 들여다보면,
진짜 재무설계가 보인다.

01

대기업에서 처음 직장생활을 시작하여 4년 반이란 시간을 보냈다. 아직 사회 초년생이던 그 때, 예상과 전혀 다른 몇 분의 급여 수준을 우연히 접하고 크게 놀랐던 적이 있다.

나이도 훨씬 어리며 사원 혹은 대리 정도의 직급에 불과하던 내게 깍듯이 대우를 해주던 한 중소업체에서 업무 지원을 나온 컨설턴트, 세상 물정을 모르던 나는 나중에야 안 사실이지만 이 분의 '연봉' 이나 '스펙' 은 전부 나의 상상을 훨씬 뛰어 넘은 수준이었다.

한번은 친하게 지내던 한 '비정규직' 과장님의 연봉 수준을 뒤늦게 듣고 속으로 엄청 놀라기도 했다. 당시 내 급여의 2-3배 수준을 가뿐히 넘는 돈을 벌고 계셨던 그 분에 대해서 당시의 나는 비정규직으로 근무하셔서 경제적으로도 힘들겠거니 내 멋대로 단정짓고 있었다.

이렇게 내 멋대로 단정짓고, 사람을 판단하는 안 좋은 버릇들은 재무설계사란 직업에 종사하고 나서 많이 개선될 수 있었다. 상당수 고객들이 주변 동료에게도 말하지 못하는 자신의 속사정을 재무설계사에게는 자연스럽게 털어놓기 때문에 '재무상담' 뿐만 아니라 '인생경험' 까지 나눌 수 있는 소중한 기회를 많이 가질수 있었기 때문이다.

사회초년생 시절의 나는 세상을 철저히 내 중심에서 판단하고 있었다. 그리고 대다수의 사람들처럼 좀 더 좋은 직장을 꿈꾸면서, 주로 동종업계의 다른 대기업이나 같은 그룹의 다른 계열사 혹은 공기업이나 공무원들을 부러움과 비교의 대상으로 삼았다. 그런데 나중에 보니 몇몇 고소득 자영업자나 자산가들은 이런 우리를 통틀어 그냥 '샐러리맨' 이라고 부르고 있었다.

재무설계사로 일하며 금융기관들이 고급 정보를 제공하는 자리에 참석할 기회가 제법 있는데, 특이하게도 이런 모임은 주로 평일 낮 시간에 이루어진다. '샐러리맨' 은 참석 자체가 어려운 시간대다. 실제로 그런 세미나에 참석해보면 주로 연세가 지긋하신 자산가들이 더 많이 와 계신다.

나는 '샐러리맨' 으로 사회생활을 시작했다. 당연히 내가 가장 공감할 수 있고, 정서적으로 가깝게 느끼는 이들도 샐러리맨이다. 샐러리맨은 근무시간에 자유롭지 못하다. 그래서 금융 정보에 소외되는 경우가 많고, 광고로부터 자유롭지 않은 검증 안된 인터넷 정보나 고수익을 강조하는 금융 회사의 감언이설에 넘어가 불필요한 비용을 지불하는 경우가 많다. 이런 상황이 안타깝게 느껴지던

나에게 '일반 샐러리맨을 위한 금융주치의'란 목표는 너무도 당연한 것이었다.

요즘은 재무설계사란 직업이 제법 세상에 알려져 있는 듯 하다. 아울러 예전의 나처럼 재무설계사란 직업에 관심을 갖고 자문을 구하는 이들도 상당히 많아졌다. 그런데 재무설계를 금융상품 판매업, 특히 보험 판매업과 동일시하거나 반대로 이 직업에 대해 막연한 동경이나 환상을 가진 이들이 제법 된다.

현실은 어떤가? 재무설계와 관련된 공인 자격이 분명히 존재하지만, 그런 기본적인 자격이 없이도 많은 사람들이 소위 '금융상품 판매'를 위해 유행처럼 재무설계를 언급하고 있다. 그 과정에서 판매를 위해 상당한 과장과 호언장담이 함께 이뤄지기도 한다. 이런 식으로 재무설계를 처음 접한 고객들은 당연히 재무설계를 '상품판매'로 인식하거나 모든 문제를 해결해주는 '만능도구'로 인식할 수 밖에 없으리라.

사실 소비자의 관점에서 좋은 재무설계사를 알아보기 위해 중요한 것은 자격증보다 수익모델이다. 재무설계사가 어떤 조직에 속해 있느냐가 그 사람의 전부를 말해주지는 않지만, 어떤 수익모델을 갖고 있느냐는 상당히 중요한 부분이다.

교과서처럼 정해진 길만 따라가며 살아가던 내가, 과감히 재무설계란 업을 염

두에 두고 이직을 결심하는 데에는 1년이란 준비기간이 필요했다. 그 준비기간 이란 것도 초반에는 어떤 일을 할지조차 정하지 못하고 현실에 불만만 품고 있던 '방황'의 시기였다. 하지만 이런 방황을 통해 재무설계사란 직업에 대해 사람들이 갖고 있는 다양한 견해를 접하고, 내 나름의 직업관을 정립할 수 있었다. 그런데 그마저도 수 년간 현업에 종사한 지금 시점에서 돌아보면, 많은 서투름과 오해 투성이였던 것 같다.

그래서 신입 재무설계사가 시행착오를 겪는 그 시기를 주목하게 되었다. 이 시기에 초보 재무설계사가 겪는 경험들은 일반인이 금융을 접하면서 겪는 시행착오와 크게 다르지 않고 더 나아가 그 과정을 압축적으로 보여준다. 그러면에서 독자들은 이초보 재무설계사와 함께 재무설계를 경험하고, 더 나아가 금융의 합리적인 활용에 대해 고민해볼 수 있는 좋은 기회를 가질 수 있을 것이다.

이 책에서 소개하는 내용은 이원선 재무설계사가 필자의 '재무설계학교' 수업을 접한 뒤, 재무설계 업에 도전하는 과정을 거의 그대로 반영한 것이다. 필자의 기억과 이원선 재무설계사의 기억이 서로 일치하는 부분이 있고, 다른 부분이 있지만 이 차이가 바로 업계와 일반인 사이의 시각 차이라 생각된다.

그 차이를 줄이기 위한 노력은 재무설계사의 몫이지만 동시에 고객들의 몫이기도 하다. 기존 금융기관의 이해관계와 수익모델에서 가능한 독립하여 고객 관점을 유지하려고 노력하는 재무설계사의 생존과 성장을 위해, 필자는 합리적이고 현명한 선택을 위해 항상 깨어있는 금융소비자들이 좀 더 많아지는 세상을 조심스레 꿈꿔본다.

아울러 그런 세상을 살아가게 될, 2012년 9월 내 품으로 찾아온 소중한 아들 김주성에게 이 책을 바친다.

저자 **김현용**

02

최근 우연히 한 인터넷 팟캐스트 방송을 접할 기회가 있었다. 다양한 직종의 사람들이 출연하여, 자신의 직업에 대하여 구체적인 경험담을 진솔하게 이야기하는 형식으로 많은 인기를 누리고 있는 방송이다. 방송 내용 중 '보험업'을 주제로 진행된 에피소드를 들으면서 재무설계를 단지 상품 판매를 위한 포장이라고 언급하는 전직 보험대리점 지점장의 언급을 접하고, 화가 나면서도 한편으로는 어처구니가 없었다. '재무설계'란 개념이 아직 제대로 정착하지 못했고, 그 책임 중 상당부분이 재무설계를 단지 상품 판매를 위한 컨셉으로만 활용하는 금융업계에 있다는 생각이 들어 씁쓸함도 느껴졌다.

원래 내 전공은 화학이다. 경제, 경영과는 전혀 상관없는 과목이기도 했고 특히 학교에 머문 기간이 길었기 때문에, 재무설계사가 되고 싶다는 포부를 주위에 밝혔을 때, 그 동안 공부한 것이 아깝지 않냐는 질문을 주위 사람들에게서 굉장히 많이 받을 수 밖에 없었다.

박사 과정 때 미국발 금융위기가 터졌다. 그 때 소액으로 주식을 하고 있었는데 한창 실험에 몰두하고 있을 때여서 까맣게 잊고 지냈다. 몇 달이 지난 후에야 확인 해 본 잔고 수준은 투자금액의 50%까지 떨어져 있었다. 직장인들이 투자를 해서 손해를 보는 상실감도 클 텐데, 아직 본격적인 소득활동을 시작하지 못한 대학원생으로서 느낀 기분은 이루 말할 수 없이 참담했다. 이런 상황을 접하고 나서야, 내게 금융상품을 권유했던 사람들에게 질문을 던지기 시작했다. 이런 상황에 처하게 된 이유가 무엇인지, 해결 방안은 무엇인지.

답은 없었다. 오히려 일부에선 나의 이런 질문에 대해 신규 상품을 권유할 기회로 받아들이기까지 했다. 그 때의 실망감이란 뭐라 말하기가 어려웠다. 조금 심하게 이야기하면, 그동안 내가 '봉' 이었다는 생각도 들었다.

'돈을 모으려면, 전략이 필요하다.' 는 결론을 내린 게 그 때부터였다. 직업을 정하는 기준도 '돈을 이해할 수 있는 직업' 으로 선택하려던 게 발단이 되어, 재무설계를 접하기 시작한 것이 2009년이니 벌써 햇수로 5년째이다. 아마 평생 이 업에 종사하더라도 여전히 부족한 부분이 많겠지만, 처음 재무설계에 입문하면서부터의 느낌, 그리고 생각들이 내 머리 속에 조금이라도 더 남아 있을 때 생생한 기록으로 남기고 싶어, 이 책을 세상에 내놓게 되었다.

앞 서문의 김현용 재무설계사가 언급한 것처럼, 필자 스스로가 아직은 소비자에 가까운 마인드를 갖고 있다고 생각한다. '내가 싫으면 남도 싫을 것이다.' 란 생각에서 재무설계를 시작했으며, '내 주위 사람들은 나보다 돈에 대해서 고민을 덜 했으면 좋겠다.' '주변에 대답해 줄 만한 사람이 한 명쯤은 있었으면 좋겠다.' 는 신조로 일을 하고 있다.

재무설계에 대한 책들은 그동안 많은 분들이 저술하셨고, 그 덕분에 재무설계는 우리에게 낯설지 않은 단어가 되지 않았나 생각된다. 하지만 대중들에게 재무설계사에 대한 이야기를 풀어놓은 경우는 아직 없었던 것 같다. 재무설계사들이 재무설계를 어떤 서비스로 생각하고 고객에게 다가가고 있는지를 살펴보는 것은 매우 의미있는 일이다. 실제 상담을 진행하면서 가장 많이 듣는 이야기가 '이미 가입했다' 는 말이다. 무엇을 가입했다고 이야기하는 것일까? 재무설계는 상품의 가입이 아니다. 필자는 재무상담 자체가 'A부터 Z까지' 라고 감히 말씀드리고 싶다.

모든 책이 다 그렇겠지만, '어디서부터 어떻게 쓰는 게 좋을까?' 란 생각이 가장 먼저 머리를 맴돌았고, 주제를 어떻게 잡아야 하나 싶었다. 거기에 조금은 편협하고 딱딱하게만 알려져 있는 재무설계를 어렵지 않게 서술하고자 했다. 그래서 이야기 식으로 풀어보자고 생각했고, 가볍지만 내용이 있는 '소설 아닌 소설' 을 쓰게 되었다.

기본 개념과 함께 재무상담의 현장을 좀 더 사실적으로 반영하고자 했다. 특별히 돈이 많은 사람만이 아닌, 우리의 옆집. 친구. 직장동료에게 바로 적용할 수 있는 친근한 개념으로 되살리고자 노력했다. 조금이나마 재무설계에 대한 오해들이 바로잡히고, 재무설계사가 일반인들에게 다가갈 수 있는 계기가 되었으면 한다.

저자 **이원선**

재무설계학교 시리즈 ②

재무설계 고수 따라잡기

차례

시작하면서 • 04   등장인물 • 18   프롤로그 • 19

01 재무설계 회사 들어가기 • 21

1) 이초보, 재무설계사에 도전하다 • 22
2) 재무설계회사의 풍경 • 24
   쉬는 꼭지 | 재무설계사의 하루 • 26
3) 재무설계사는 어떤 일을 하는가? • 28
   쉬는 꼭지 | 경험생명표의 이해 • 32
4) 재무설계 회사는 기존 금융회사와 어떻게 다른가? • 36
   쉬는 꼭지 | 금융기관의 종류 & 재무설계회사 • 39

02 재무설계사 양성과정 (Financial Planner Training Course) • 43

1) 동기들과 만나다 • 44
   쉬는 꼭지 | 재무설계는 구체적으로 어떤 내용을 다루는가? • 46
2) 자산이 없어요 • 47
   쉬는 꼭지 | 재무설계에 대한 오해 • 48
3) 재무설계 프로세스는 왜 필요한가? • 51
   쉬는 꼭지 | 재무설계 프로세스 vs 건강검진 프로세스 • 52
4) 돈이 모이지 않아요 • 55
5) 현금흐름표와 재무상태표 • 59
   쉬는 꼭지 | 현금흐름표와 재무상태표 • 59
6) 무조건 아껴야 하나요? • 61

03 | 투자 이야기 • 65

1) 재무설계에서 말하는 투자 • 66
2) 투자, 꼭 해야 하나요? • 71
3) 투자의 5원칙 • 73
   쉬는 꼭지 | 재무설계 투자5원칙 • 73
4) 소개고객을 만나다 • 80
5) 나의 투자성향 알아보기 • 88
   쉬는 꼭지 | 투자성향 진단서 작성 • 88
6) 보수적 투자자? • 95
   쉬는 꼭지 | 투자정책명세서(IPS)란? • 99

04 | 합리적으로 위험에 대처하는 방법 • 101

1) 보장과 비용이란 양날의 검, 보험 • 102
2) 보험사에 약점을 잡히지 말라 • 108
   쉬는 꼭지 | 보장성 보험을 가입 시 주의사항 • 109
3) 위험관리의 쌍두마차 – 충당금과 보험 • 111
   쉬는 꼭지 | 보험의 기본구조 • 114
4) 보험에 대한 또다른 관점 • 118
5) 위험설계, 재무설계의 출발점 • 121
   쉬는 꼭지 | 보험에 대한 잘못된 상식 • 122

05 | 은퇴는 우리의 미래다 • 127

1) 임직원 재무설계에 참여하다 • 128
   쉬는 꼭지 | 종업원 복지로 각광받는 재무설계 • 130
2) 은퇴준비, 빠르면 빠를수록 좋다 • 131
   쉬는 꼭지 | 효과적인 연금 준비 방법 • 135
3) 워크샵을 계획하다 • 138
   뒷담화 | 이런 고객은 힘들어요 • 140

06 | 부동산, 패러다임이 바뀌다 • 145

1) 무리한 내 집 마련은 독이다 • 146
   쉬는 꼭지 | 부동산과의 애증 • 148
   쉬는 꼭지 | 부동산, 구입할까? 기다릴까?
              구입한다면 언제 해야할까? • 151
2) 무리한 상환계획, 현금흐름을 좀먹다 • 154
   쉬는 꼭지 | 주택자금대출, 결혼과 함께하는 피할 수 없는 동거 • 157

07 | 재무설계 보고서와 재무상담 기초자료 • 161

1) 초심자의 행운 • 162
   쉬는 꼭지 | 재무설계보고서엔 어떤 내용이 담기는가? • 164
2) 재무상담 기초자료 • 165
   쉬는 꼭지 | 생애주기별 재무관심사 • 167

08 | 모니터링, 끝이 아닌 새로운 시작 • 169

쉬는 꼭지 | 모니터링은 어떻게 이루어지는가? • 172

에필로그 • 174
후기 • 175

09 | 부록 • 179

부록_1 | 한국형 가계재무비율 도출 및 가이드라인 제안
(2012년 12월 7일 FP학회 발표) • 180
부록_2 | 투자정책명세서 • 186
부록_3 | 보험상품 비과세 관련 소득세법 조항 및 시행령 • 188

CHARACTERS
등장인물

이초보 | 주인공. 화학을 전공하여 박사과정까지 수료했으나, 재무설계 회사로 입사하여 초보 재무설계사로 성장해 간다. 호기심이 많고 숫자에 밝은 편이다.

김팀장 | 이초보의 팀장. 멘토이자 조언자로 '재무설계학교' 교육 프로그램을 진행한다. 재무상담에서 숫자보다 중요한 부분이 있음을 이초보에게 알려준다.

김센터장 | 이초보가 다니는 재무설계 회사의 상품전략센터장, 보험에 대해 김팀장과는 다른 시각에서 많은 조언을 해준다.

입사동기 | 이초보의 입사동기들, 은행 증권 보험 등의 경력이 있어 금융권의 분위기나 업종별로 고객을 바라보는 관점에 대해 이초보에게 많은 조언을 준다.

팀 동료 | 이초보의 같은 팀 동료, 함께 B2B를 통한 기업체 임직원 재무상담을 수행하며 재무설계사로서의 경험과 고민을 나누며 함께 성장해간다.

고객 | 강태산, 나소심, 장부장, 김신입, 김고민, 정예랑-박예분 부부 등 이 책에 등장하는 고객들과 상담에 대한 내용은 이초보가 초보 재무설계사 시절에 실제로 진행했던 상담을 일부 재구성한 것이다.

PROLOG
프롤로그

학교에서 대학원 박사과정을 마무리하며 바쁜 시기를 보내던 이초보. 문득 예전에 가입해놓고 까맣게 잊고 있었던 투자 상품이 생각나서 잔고를 확인해보곤 경악을 금치 못한다.

'헉, 이게 뭐야. 마이너스 50%??!!!'

한동안 멍한 상태로 서 있던 이초보는 한번 들기 시작한 의문을 떨쳐버리는 것이 쉽지 않았다.

'그냥 열심히 모으기만 하면 되는 게 아니구나. 하루아침에도 내 돈은 생겼다가 없어질 수 있다. 내가 왜 이 돈을 여기에 넣어놓은 거지? 난 돈을 벌 수 있는 것일까? 지금 같은 상황에서는 어떤 방법으로 해결해야 할까? 회사에 들어가면 지금보다 더 수입은 생길 수 있다. 하지만 난 모을 수 있는 것일까, 그 다음부턴 뭘 해야 하는 거지?'

그 때는 미국발 경제위기가 터져서 주식시장이 한창 곤두박질 치고 있을 때였기에, 이초보의 고민은 깊어져 갔다. 막상 졸업하고 돈을 벌기 시작해도, 어떤 게 맞는 것인지 주변에는 물어볼 곳도 마땅치 않았다. 누가 좀 속 시원히 해결해 줬으면 하는 생각이었지만, 오랜 기간 순수학문을 전공해온 이초보의 주변엔 선배도 후배도 대부분 동종 업종으로 진로를 정하는 것이 일반적이었다.

궁금함과 답답함에 이초보는 방법을 찾기 시작한다.

'답답하군. 아무도 안 가르쳐 주면 내가 직접 답을 구해 보련다.'
인터넷을 이리 저리 뒤져보는 이초보. '돈'에 관한 이야기에서 시작해서 자산관리, 재테크까지 시작해서 온갖 이야기가 다 나왔다. 그러다 약간은 생뚱 맞게 느껴지는 '재무설계' 라는 용어를 접하게 된다.

'재무설계? 이게 뭐지?'

> 재무설계 : 개인의 삶의 목표를 파악하고 그 목표를 달성하기 위하여 개인이 갖고 있는 재무 및 비재무적 자원을 적절하게 관리하는 일련의 과정(Process)
> 〈한국FPSB, '재무설계 원론'〉

'재무설계라…어떻게 모을 것인가? 가 아니라 어떻게 달성할 것인가? 라는 거지? 이건 좀 색다르군. 돈을 모으는 게 아니라 내 목표의 달성에 초점을 맞춘다면, 궁극적으로 이게 더 일하는 목적에 가까울 수도 있겠다.'

이초보의 고민은 이제 '돈'을 넘어 진로 자체의 고민으로 확장된다. 몇 달에 걸친 결론으로, 결국 돈을 벌고 사용해야 한다면, 본인부터 알아야겠다는 생각. 조금 더 나아가서 돈 문제는 누구나의 고민이라는 생각에 주변에 도움을 줄 수 있겠다는 생각에 재무설계라는 새로운 일에 도전하기로 한다.

01

재무설계 회사 들어가기

01 이초보, 재무설계사에 도전하다.
02 재무설계회사의 풍경
03 재무설계사는 어떤 일을 하는가?
04 재무설계 회사는 기존 금융회사와
   어떻게 다른가?

01 / 재무설계 회사 들어가기

1) 이초보, 재무설계사에 도전하다.

  자신의 전공 분야로 진출하는 손쉬운 길을 뿌리치고 재무설계를 하겠다고 스스로의 갈 길을 찾겠다고 나선 이초보. 기초적인 자격증을 취득한 후, 취업설명회를 이리 저리 다니고, 정보를 얻다가 '재무설계학교' 라는 온라인 커뮤니티를 발견하고 김팀장으로부터 4주간의 재무교육을 받게 된다.

  교육을 마치고 이초보는 재무설계사란 직업에 더 큰 매력을 느끼고, 김팀장이 근무 중인 재무설계 회사에 지원을 하게 된다.

  사회생활을 내디디며 처음 하는 인터뷰. 그러나 이초보는 재무설계란 일에 대해 나름 열심히 알아보고 고민의 과정을 거쳤다고 생각했기에 당당하게 인터뷰에 임했다.

"재무설계사가 되고 싶습니다."

"왜 그런 생각을 하셨나요?"

"저는 전공도 경제, 경영 쪽과는 관련이 멀고, 학교에 오래 있었기에 이 쪽에는 문외한입니다. 그렇기에 돈에 관한 궁금증에 답을 찾을 수 있는 곳이 마땅치 않았습니다. 주위에서는 저와 같은 고민을 하고 있는 사람이 많습니다. 찾아보니, 재무설계가 하나의 해결책이 될 것이란 생각이 들어 주위 사람들에게 도움을 주고 싶어서 제 스스로 재무설계사가 되고자 합니다."

"박사까지 하셨다면 짧지 않은 시간을 공부에 투자하셨을 텐데, 지금까지 공부했던 시간과 노력이 아깝진 않으세요?"

"물론, 제가 공부한 부분을 쓰지 못할 수도 있을 것입니다. 하지만, 제가 공부했던 분야와 재무설계란 분야가 공통적으로 눈에 언뜻 보이지 않는 것 같지만, 개개인의 삶에서 중요한 역할을 하고 있습니다. 특히 화학을 공부하면서 어떤 상황을 분석하고 이치를 논하는 방법을 배운 것이, 금융을 바라보고 해석하는 데 있어서도 큰 도움이 될 수 있을 거라 믿습니다. 이를 통해 지금의 저같이 아무 것도 모르는 사람들에게 도움이 될 수 있다면 그 자체로도 의미가 있을 듯 합니다. 소비자의 입장에서 재무설계를 하고 싶습니다."

"교육 과정이나, 공부해야 할 부분이 만만치는 않을 것입니다. 괜찮으시겠습니까?"

"네"

"알겠습니다. 재무설계사는 반드시 경영학이나 경제학을 전공으로 한 사람이 유리하진 않습니다. 오히려 재무설계사가 되고자 하는 강한 의지와 고객을 위하는 마음이 더 중요하죠. 실제로 자신이 몸담았던 업종에 종사하는 고객을 상담할 때, 이초보씨가 선배들보다 훨씬 더 많은 도움을 드릴 수도 있습니다. 왜냐하면 이초보씨가 그 분들의 삶을 더 잘 이해하고 계실 테니까요. 우리는 이초보씨의 그 의지를 높게 삽니다. 대신 재무설계사가 되려면 공부를 많이 하셔야 할 겁니다. 며칠 내로 연락 드리겠습니다."

그로부터 며칠 후, 이초보는 재무설계사가 되기 위한 첫 발을 내딛게 된다.

2) 재무설계회사의 풍경

첫 출근 날, 김팀장에게 배속 받은 이 초보

이초보 : 잘 부탁 드립니다. 팀장님.
김팀장 : 합격하셨군요. 생소한 분야에 도전하시는 만큼, 앞으로 열심히 하시길 바랍니다.

김팀장은 자리를 안내해 준 뒤, 지점장과 잠시 미팅을 다녀오겠다고 하면서 자리를 비웠다.

혼자서 자리를 지키게 된 이초보. 막상 재무설계를 하겠다고 들어오긴 했는데, 어떤 것부터 해야 하는지 아무 것도 모르는지라 긴장한 채로 앉아있었던 것도 잠시, 얼마 지나지 않아 주위를 둘러보기 시작했다.

동료들은 각양각색이다. 보고서를 만드는 사람, 전화를 하는 사람, 열심히 토론하고 있는 사람 등등. 주인은 있는 것처럼 보이나 비어 있는 책상도 많았다. 고객을 만나러 외근 나간 것처럼 보였다.

'난 언제 저렇게 바쁘게 움직일까?'란 생각에 다른 사람들이 많이 부러웠다.

"뭘 그렇게 보시나요?"

막 자리에 돌아온 김팀장이 부른다.

"네. 저도 재무설계사로서 다른 분들처럼 바쁘게 움직이고 싶다는 생각을 했습니다."

"첫 직장인데다가 기존에 해왔던 일과는 전혀 다르기 때문에 아마 어색할 겁니다. 이쪽으로 오세요. 제가 기본적인 몇 가지 조언을 해 드리겠습니다."

의욕이 넘치는 이초보.

드디어 본격적인 교육이 시작되었다.

재무설계사의 하루

재무설계사는 하루를 어떻게 보낼까? 재무설계사는 근무시간과 업무의 내용을 스스로 정할 수 있다. 그래서 특정한 시간대에 맞춰서 재무설계사의 하루를 재구성하는 것은 쉬운 일이 아니다. 재무설계사마다 굉장히 다를 수 있지만, 재무설계사들이 공통적으로 진행하는 업무들 중심으로 살펴보도록 하겠다.

투자환경 검토 : 재무설계사마다 고객층이 다르긴 하지만, 투자와 관련된 부분은 어떤 고객층을 만난다 하더라도 공통적으로 이야기를 하는 부분이다. 그래서 재무설계사 중 상당수는 출근하자마자 국내, 국제 경제상황 등을 점검하는 경우가 많다. 상대적으로 내수보다 수출 중심의 구조로 되어 있는 우리나라는 국제 정세에 영향을 받는 부분이 많기 때문에, 오전시간에는 특히 그러하다.

금리의 변동요인과 주요지표

주요요인	상황 I			상황 II			요인을 파악하기 위한 주요지표
	변화	금리	채권가격	변화	금리	채권가격	
국내경기	악화	↘	↗	호전	↗	↘	GDP, 한국은행 단기 전망, 경기종합지수(건설수주액, 기계수주액, 상용근로자수 등)
물가	하락	↘	↗	상승	↗	↘	소비자물가, 생산자물가, 원유시황, 원화환율
해외금리	하락	↘	↗	상승	↗	↘	(주로 미국의)공정할인율, 프라임레이트, 장기금리(30년물 국채), 피더럴 리저브 레이트

환율	원고	↘	↗	원저	↗	↘	국제수지, 국제정세, 금리수준, 각국의 펀더멘털즈, 국제협의(G8) 등
금융정책	완화	↘	↗	긴축	↗	↘	한국은행의 정책(공정할인율 등), 통화 공급, 재정수지, 수급관계 등

※출처 : JAFP, 『FP수첩』(JAFP, 2006. 9.)

고객상담 : 재무설계사의 가장 중요한 업무는 고객과의 재무상담이다. 고객의 직장이나 가정을 방문하기도 하고 반대로 고객들이 상담실로 내방하기도 한다. 기혼자의 경우 부부상담이 더욱 효과적이며, 일반 금융기관과 달리 퇴근시간 이후나 주말에도 상담실을 이용하는 경우가 많다.

보고서 작성 : 재무상담을 진행하면서 나왔던 고객의 상황과 희망사항 등을 최대한 반영하여 보고서를 작성한다. 간단한 보고서도 있지만, 고객의 상황이 복잡하게 얽혀 있는 경우엔 며칠이 소요되기도 한다. 보고서는 분석보고서와 구체적인 포트폴리오가 포함된 솔루션 보고서가 대표적이다.

마케팅 회의 : 재무설계사에게 재무상담을 희망하는 잠재고객을 찾는 것이 중요한 업무다. 이와 관련해서 개인이나 회사 차원의 다양한 방식의 마케팅이 진행되며, 관련 회의가 정기적으로, 다양한 형태로 이뤄진다. 재무설계 회사에선 일반 회사처럼 별도의 마케팅 부서가 마케팅 업무를 전담하는 것이 아니라, 재무설계사 개개인이 퍼스널 브랜딩과 마케팅 관련 업무를 진행하는 것이 일반적이다.

교육 : 상담스킬, 금융상품의 최신정보, 투자관련 최근 시황, 세법이나 부동산 관련 제도의 변화, 강의법 등 재무설계사가 고객에게 정확한 정보를 안내하기 위한 다양한 교육이 진행된다. 많은 금융회사 상품 담당자들이 교육 시간에 자사의 상품과 서비스를 홍보하기 위해 방문하기도 한다.

원고작성 : 언론사 기고나 방송출연을 하는 경우, 혹은 책을 집필하는 재무설계사에게 원고작성 역시 중요한 업무가 된다.

4) 재무설계사는 어떤 일을 하는가?

"이초보씨, 재무설계가 어떤 거라고 생각하나요, 아니 왜 필요하다고 생각하나요?"

"아직까지는 뭐라고 정확하게 머릿속에 정의가 내려져 있지는 않습니다. 금융에 관한 종합지식을 요구하는 일? 컨설팅? 그 정도까지 밖에는 모르겠습니다."

"그럼 원론적인 질문부터 해 볼까요? 돈이 왜 필요한가요?"

"네?" 의외의 질문에 이초보는 당황했다.

"너무 질문이 엉뚱했나요? 편하게 생각하세요. 우리가 하는 일은 사람들에게 도움을 주는 일입니다. 단지, 이용하는 매개체가 돈이 되는 것이지요. 이초보씨는 왜 돈을 모으고, 왜 돈을 필요로 하나요?"

질문에 잠깐 혼란스러웠지만, 스스로에 대해 생각하기 시작했다.

"음...저는 제 주위 사람들을 돕고 싶어요."

"어떤 의미인가요?"

"저는 봉사활동에 관심이 있습니다. 지속적으로 봉사활동을 할 수 있는 그런 삶을 꿈꾸는데요. 그러면서도 제 삶이 무너지지 않았으면 좋겠다는 생각이 들었습니다. '노블리스 오블리제' 까지는 아니더라도, 더불어 사는 삶을 살고 싶습니다."

"면접을 진행했던 상무님께서 이초보님의 성품이 좋다고 칭찬하시던데, 정말 그러시군요."

"감사합니다."

"그러면, 언제부터 그런 생활을 하고 싶나요?"

"음... 지금 제 나이가 서른이니, 50? 55? 은퇴한 이후에는 그런 생활을 하고 싶습니다."

"그러면 그런 삶을 위해 그때까지 얼마가 필요할 거라 생각하세요?"

이초보는 순간 머릿속이 혼란스러워졌다. 봉사생활을 하고 싶다는 생각과, 비용이 든다는 생각은 했지만, 구체적으로 얼마가 들 거란 생각은 해본 적이 없었다.

"글쎄요... 한 1억 정도?"

"1억이란 돈이 적은 돈은 아닙니다. 하지만, 꾸준히 봉사활동을 하면서 살기에는 부족한 금액일 것입니다. 다큐멘터리 등에서 나오는 그러한 삶을 꿈꿨던 것 아닌가요?"

"네 그렇습니다."

"1억이면 몇 년 정도 생활할 수 있을 거라 생각하세요?"

이초보는 숫자 계산만큼은 자신이 있던 터였다. 곧바로 머릿속으로 해본 계산. 한국에서만 생활한다고 했을 때 아무리 못 써도 150만원은 사용하겠지? 1년이면 1800만원. 1억이면 5~6년이면 고갈되는 금액.

"생각보다 오래는 못 쓰는 금액인데요?"

"그렇지요? 막상 적은 돈은 아닙니다만, 1억으로는 사용할 수 있는 한계가 분명히 있습니다. 모으긴 어려워도 많지 않는 시간에 다 사용하는 금액이 1억입니다. 그러면 다시 묻겠습니다. 한 달에 얼마씩 사용하고 싶으세요?"

"음...한 달에 150만원?"

"그러면 1년에 1800만원이네요. 몇 살까지 살까요?"

"요즘에 100세 시대라고 하는데, 솔직히 그렇게 사는지는 모르겠어요."

"2012년 7월부터 적용되는 경험생명표 기준으로 남자는 80세, 여자는 85.9세가 평균 수명입니다. 여기에는 두 가지 맹점이 존재하는데요. 우선 사고사가 포함되므로 실제 '노환으로 인한 별세'보다는 평균 사망연령이 작게 잡히구요, 또한 사망한 사람들을 기준으로 수명을 계산하기 때문에, 아직 건강하게 살아계신 어르신들의 나이가 포함되지 않아요. 이초보씨도 할아버지나 할머니 중에서 생존하신 분이 있으신가요?"

"외할아버지, 외할머니 두 분 모두 살아계십니다."

"연세를 감안하면 건강이 어떠신가요?"

"정정하세요."

"의료기술은 점차 발달하고, 그로 인해 평균 건강은 늘어납니다. 우리 세대는 어떨까요?"

"100세가 전혀 근거없는 소리는 아니군요."

"해서, 최소한의 기대수명으로 남자는 90세, 여자는 95세를 잡습니다. 아까 얘기로 돌아가 볼까요? 55세부터 은퇴한다고 하면 35년동안 써야 할 돈을 모아야겠네요."

계산만큼은 자신이 있었던 이초보는 설명을 들으며 머릿속으로 계속 계산을 하고 있었다.

산술적으로도 1800만원 X 35년 = 6억 3천만원이 필요하단 결과가 나온다.

"6억 3천이면 될 듯 합니다. 말은 쉬운데…막상 얘기하고 보니 겁나는 금액이네요."

"계산이 상당히 빠르군요. 초보씨가 원하는 금액은 6억 3천만 원입니다. 한꺼번에 이 금액을 모으기란 쉽지 않기 때문에 남아있는 기간인 25년 동안 모아야겠지요? 여기에서, 물가가 상승하는 부분과 저축을 하면서 생기는 이자율 등을 감안하면 지금부터 모아야 하는 금액을 계산할 수 있겠지요."

"네"

"초보씨가 처음에 말하신 1억과 나중에 말하신 금액의 차이가 뭘까요? 그건 미래에 대한 막연한 생각과 구체적인 계획의 차이입니다. 재무설계사가 되시려면, 고객들이 갖고 있는 막연함을 현실적이고 구체적인 계획으로 바꿔주는 부분이 필요합니다."

경험생명표의 이해

보험사에서 보험료 산출 시 보험 가입자들의 통계로 산출된 위험률을 적용하는데, 이 위험률이 바로 경험생명표이다. 이러한 경험생명표는 2000년 이전까지는 5년 주기로 변경되다가 2000년 이후에는 3년 주기로 변경되고 있다. 2012년 7월부터 변경 적용되고 있는 경험생명표는 2009년 6회에 이은 7회 경험생명표다.

이렇게 경험생명표를 주기적으로 변경하는 것은, 시간이 지날수록 변하는 위험률을 현실화하기 위함이다. 예를 들어 의료기술의 발달 등으로 생존율이 높아지면 평균수명이 늘어나게 되고, 사망률은 점차 줄어들게 된다. 또한 암 등 각종 질병과 관련된 위험률도 변하게 된다.

그런데 위험률을 예전 것 그대로 사용한다면, 예를 들어 현실은 1000명 중 10명만 사망을 하는데, 위험률은 20명 사망한다고 계산되면 현실과는 차이가 있는 보험료가 계산될 수 밖에 없어서, 이를 보완하기 위하여 경험생명표가 지속적으로 변경되는 것이다.

즉, 위험률을 변경하지 않는다면 보험사는 보험금이 많이 발생되는 위험률에 대해서는 손해가 될 수 밖에 없고 이 손해는 결국 가입자에게까지 영향을 미칠 수 있게 된다. 결국은 이러한 손해율을 보완하기 위해 주기적으로 해당 위험률 즉 경험생명표를 변경 반영하고 있는 것이다.

참고로 통계청에서 매년 전국민의 사망확률을 계산한 국민생명표가 있다. 일반적으로 보험회사에서 사용하는 경험생명표는 보험계약체결 시 건강진

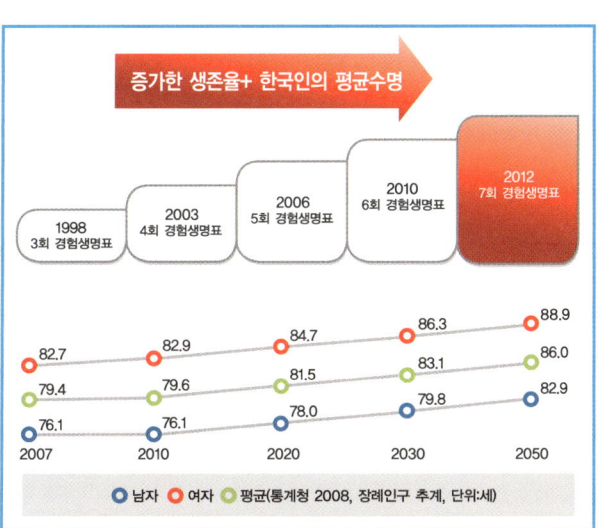

> 단, 고지의무 등을 거친 상대적으로 건강한 사람들의 사망률로 볼 수 있고, 국민생명표는 건강 정도와 관계없이 전 국민 중 사망자를 대상으로 산출한다. 따라서 일반적으로 경험생명표의 사망률이 국민생명표의 사망률보다 낮게 된다.
>
> 통상적으로 금융권에서는 장기상품을 취급하는 보험사에서 생명표를 활용하기 때문에 좀 더 현실에 부합하는 경험생명표를 활용하는 경향이 있다. 건강한 사람이라면 경험생명표를 참고하는 것이 합리적이되, 만약 나이가 어리다면 살아가면서 위험률은 지속적으로 낮아지는 경향이 있으므로 실제 적용되는 평균수명은 훨씬 증가될 가능성이 크다.

김팀장은 말을 이어갔다.

"또한 방금까지 설명한 것은 재무설계의 한 부분인 은퇴설계입니다."

"네?"

"초보씨가 알아듣기 쉽도록 실제 생각하는 부분에 대입해서 설명해 봤어요. 초보씨는 그래도 박사까지 마친 사람이니까, 교육 부분만 본다면 최고 수준까지 올라간 사람입니다. 그런데, 우리나라에서는 경제에 대해 배운 적은 있어도, 개인 금융에 대한 교육은 받은 적이 없어요. 그렇기에 돈을 저축하라고만 들었지 그 다음 이야기는 들은 적이 없지요?"

"네"

"한번 생각해 보세요. 이제까지는 돈을 모으다 보면 큰 돈을 사용해야 될 때가 생깁니다. 결혼을 할 수도 있고, 집을 구매할 수도 있지요. 차를 바꿀 수도 있구요. 그러면 모은 돈이 없어집니다. 다시 돈을 모으고, 사용을 반복하는데요. 재무설계는 이것을 거꾸로 하는 작업입니다. 계획을 먼저 세우고 거기에 맞춰서 돈을 모으자는 거지요."

"아…"

"물론, 모든 계획을 지금부터 다 세울 수는 없습니다. 사람 일이라는 게 기계 톱니바퀴처럼 정확하게 맞춰서 돌아가는 것도 아니고, 돌발변수는 항상 생기기 마련이지만. 대략적인 그림은 그릴 수 있잖아요. 거기에 맞게끔 계획을 세우고, 사용하리라 생각되는 금액과 현재부터 모아야 되는 금액을 안내하는 일. 그것이 재무설계입니다."

"그렇군요."

"초보씨가 아까 종합지식을 요구하는 일, 컨설팅이라고 하셨지요? 네, 재무설계는 한두 가지의 지식으로는 되는 일도 아니고, 컨설팅도 맞습니다. 하지만, 가장 중요한 것은 고객의 이야기를 잘 듣는 것이고, 그 사람이 정말로 원하는 것이 뭔지를 파악하는 것입니다."

"네"

"앞으로 고객을 만나면서 많은 것을 느끼고, 배우게 될 것입니다. 지금은 아무리 말씀드려도 막연할테고, 직접 경험을 해야 체득이 될 것입니다. 다행히 초보씨는 미리 준비를 했기에 금융에 대한 기초적인 지식은 갖고 있습니다. 일단, 제가 오늘 이야기해 준 것을 바탕으로 사람들을 만나보세요."

3) 재무설계 회사는 기존 금융회사와 어떻게 다른가?

김팀장과의 대화는 이초보에게 작은 충격으로 다가왔다. 주변에서 나름 꼼꼼한 성격이라 평가받고 있었지만, 실상 가장 중요한 자신의 미래에 대해선 무계획적이고 막연한 감에 의지해온 것이다.

"고객에게 재무설계를 잘 해주려면, 정확한 개념부터 잡아야겠구나. 우선 김팀장님 말대로 사람들이 재무설계에 대해 어떤 생각을 갖고 있는지 알아봐야겠다."

이런저런 생각을 하는 이초보에게 어머니께서 궁금하신 듯이 물어보셨다.

"초보야, 이번에 들어간 직장이 뭐 하는 곳이라 그랬지? 주변에서 궁금해 하는데, 뭐라고 설명하면 될까?"

"재무설계 회사에요."

"그게 뭐 하는 곳이냐? 은행이랑 비슷한 거니?"

"그게…"

이초보는 말문이 막혔다.

다음날, 출근하자마자 김팀장에게 물어보는 이초보.

"사람들이 재무설계 회사가 뭐 하는 곳이냐고 물으면 어떻게 설명할까요? 사실 저도 명확하지가 않네요.." 머리를 긁적이며 이초보가 물었다.

"자신이 몸담고 있는 회사를 정확히 정의하는 것은 매우 중요하죠. 기존에 금융권이라 하면 은행, 증권사, 보험사 등을 떠올립니다. 그런데 재무설계 회사는 어떤 차이가 있을까.. 설명해 드릴께요. 재무설계 회사는 재무설계 컨설팅에 기반한 금융상품 유통회사의 성격을 띠고 있어요."

"유통회사?"

고개를 갸웃거리는 이초보.

"네, 그렇습니다. 기존의 금융회사들은 자신들이 취급하는 상품 혹은 서비스 위주로 고객을 상대하죠. 이 상품이 얼마나 좋고, 이 서비스가 당신에겐 얼마나 도움이 된다.. 이런 식으로. 그런데 재무설계 회사는 고객의 현재 상황을 파악하고 거기에서 시작하려고 합니다. 출발점이 다른 거죠. 이를 재무설계 컨설팅이라 합니다. 그런데 지난 번에 말했듯이 고객의 막연했던 미래에 대한 생각을 구체적인 계획으로 바꿔준다고 해도, 실제 이를 실행에 옮기지 않으면 원하는 미래에 다가가기 힘들 거에요. 그런데 실행이란 어떤 것일까요?"

"실행이란."

이초보는 알 것 같았지만, 정확한 표현을 찾기가 어려웠다.

"실행이란, 구체적으로 지출계획을 세우고 그에 따라 생활하는 것과 그로 인해 남은 돈을 구체적인 금융상품을 통해 저축과 투자를 하는 것이죠. 이 때 저축과 투자는 고객들의 계획과 성향과 상황이 반영되어야 합니다. 그래서 다양한 회사의 다양한 상품 등을 취급할 수 있어야 적합한 포트폴리오를 제시할 수 있죠. 재무설계 회사는 그래서 기존에 존재하는 다양한 금융기관과 제휴하여 그들이 취급하는 금융상품을 고객의 입장에서 선별하여 가장 합리적인 선택을 도와주게 됩니다."

"아, 그렇군요."

"고객들의 경우, 금융기관의 창구에서 충분한 시간을 들여 상담을 하려면 마음이 불편한 경우가 많습니다. 대기번호를 들고 기다리는 다른 사람들의 눈치도 보이고, 때로는 자신들이 생각했던 것과는 다르게 금융상품을 가입하는 경우도 많습니다. 그래서 재무설계 회사는 독립된 상담 공간에서 한 사람만을 위해 집중적인 점검을 해주고, 눈높이에 맞는 상담을 해주고, 지속적인 관리를 통해 계획을 잘 실천해가도록 독려합니다."

금융기관의 종류 & 재무설계회사

금융기관의 종류

구 분	범 주	특 징
1금융권	일반은행, 지방은행, 특수은행(기업,농협,수협)	특수은행은 특별법규 적용
2금융권	증권사, 보험사, 저축은행, 새마을금고, 신협, 종합금융사, 투자신탁회사, 신용카드사, 자산운용사	은행이 제공하지 못하는 전문적인 금융수요 제공
3금융권	대부업체, 캐피탈	

금융기관은 크게 제1, 2금융권으로 나눠진다. 1금융권(banking sector)은 은행이다. 은행에는 시중, 지방, 특수은행과 농업협동조합중앙회의 신용사업부, 수산업협동조합중앙회의 신용사업부문까지 포함된다. 반면에 은행에서 취급하는 금전신탁저축은 제2금융권으로 분류된다. 제2금융권(non-banking sector)은 은행을 제외한 나머지 전부를 통칭하는 것으로 보면 된다. 즉 증권회사, 보험회사, 투자신탁회사, 종합금융회사, 상호저축은행(옛 상호신용금고) 등을 총칭하는 말이다.

최근 제3금융권(third-tier financial institution)이란 용어도 등장했다. 파이낸스사등 신규 금융기관을 일컫는다. 한국은 1960년대 이래 고도성장 경제정책으로 인하여 높은 인플레이션과 기업의 만성적인 자금의 초과수요로 인해 은행을 중심으로 한 제도금융 시장과는 달리 광범위한 사금융시장이 발달하여 금융의 이중구조가 심화되어왔다. 이러한 사금융을 제도금융권 안으로 흡수하고 경제발전에 필요한 자금수요의 다양화를 꾀하기 위해 70년대부터 본격적으로 제2금융권이 설립되어 발전해왔다.

참고로 농협중앙회는 제1금융권으로 분류되나, 단위농협은 법적 지위가 신용협동조합으로 분류되어 제2금융권이 된다. 이는 수협도 마찬가지이다. 예를 들어 이자소득세를 면제해주는 농협의 예탁금을 찾는다면 이는 제1금융권의 농협중앙회가 아닌 단위농협에서만 이용이 가능하다. 축협의 경우 2000년 7월 이후 인삼협동조합과 함께 농협으로 통합되었다.

재무설계사, 재무설계회사?

재무설계회사는 재무컨설팅에 기초한 금융상품유통업의 성격을 지니며, 현행 제도하에서는 GA(보험대리점)와 증권사의 투자권유대행인이란 법적 지위를 활용하고 있다. 한국도 선진국과 같이 재무설계 및 금융상품 자문에 대한 수요가 증가하고 있어, 이에 대한 제도적 변화가 예상되고 있다.

현재 일부 GA는 세무법인, 법무법인, 부동산 컨설팅사 등과의 제휴를 통해 금융상품 판매뿐만 아니라 독자적인 영역을 구축하여, 유료 재무상담 형식으로 고객에게 차별화된 맞춤형 서비스를 제공하고 있다. 다만 고객의 돈을 직접 운용하는 형태가 아니기 때문에 위 표에서 1~3금융권으로 분류되지는 않고, 고객의 니즈에 따라 해당 금융권과의 거래에서 금융소비자가 유리한 판단을 할 수 있도록 돕는 역할을 한다.

이렇게 수익모델의 관점에서 재무설계회사는 아직 완성단계가 아니지만, 재무설계사는 이미 우리 생활에 보편화되어 있으며, 이는 대기업이 재무설계회사와 B2B협약을 통해 임직원에게 재무상담 서비스를 제공하는 흐름과 CEO, 고소득전문직을 중심으로 재무상담 서비스가 확산되는 흐름으로 양분된다. 중소기업은 제한적이지만 국가의 지원을 받아 임직원의 재무상담을 지원할 수 있는 길이 있으며, 저소득층의 경우 FP협회 혹은 정부부처의 지원을 통해 무료재무상담이 실시되고 있다.

중요한 것은 내가 만나는 재무설계사가 어떤 수익모델을 갖고 있는지를 확인하는 부분이다. 예를 들어 재무설계사가 상담을 무료로 해주면서 보험상품 판매 권한만 갖고 있다면, 정확한 상담이 이뤄질 수 있을지 생각해볼 부분이다.

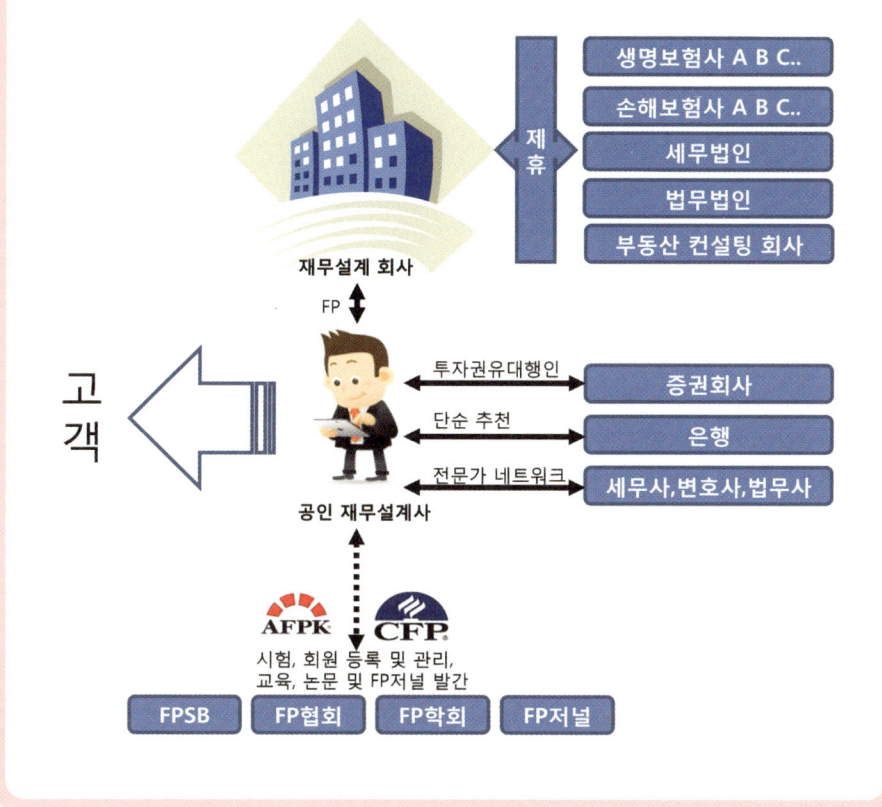

이초보가 퇴근하고 집에 들어가는 길에, 어머니를 엘리베이터에서 만났다.

"어머니, 어디 다녀오세요?"

"응, 장보러 이마트에 다녀오는 길이다. 그나저나 어제 물어본 거 답은 찾았니?"

"네, 제가 다닐 회사는 재무설계 회사인데요, 쉽게 말씀드리면 '금융의 이마트'라고 할 수 있어요. 그런데 단순히 여러 금융상품을 나열해 놓는데 그치지 않고, 어떻게 잘 선택하고 잘 관리할 수 있을지를 상담을 통해서 도와주는 거에요."

"아. 그렇게 말하니 쉽게 이해가 되는구나. 금융을 어려워하는 사람들이 많지, 너는 쉽게 설명하는 거 잘 하니까, 아마 좋은 재무설계사가 될 수 있을 거야."

어머니의 격려에 이초보는 힘이 솟는 것 같았다.

02

재무설계사 양성과정
(Financial Planner Training Course)

01 동기들과 만나다
02 자산이 없어요
03 재무설계 프로세스는 왜 필요한가?
04 돈이 모이지 않아요
05 현금흐름표와 재무상태표
06 무조건 아껴야 하나요?

02 / 재무설계사 양성과정
(Financial Planner Training Course)

1) 동기들과 만나다.

이초보는 다음날부터 '재무설계사 양성과정'을 통해 본격적인 트레이닝을 받기 시작한다.

김팀장: 오늘부터 다른 동기들과 함께 재무설계사 양성과정을 수강하실 거에요. 아시다시피, 재무설계 전문회사는 보통 금융권 출신이 경력으로 들어오는 곳입니다. 최근에 첫 직장으로 선택하시는 분이 많아지긴 했지만요. 이초보씨는 그래도 공인재무설계사 시험에 합격하셨으니 조금은 편하실 겁니다.

사실 이초보는 회사를 알아보는 과정에서 몇 개월의 공부 끝에 공인재무설계사 시험에 응시하여 붙었고, 이 덕분에 회사에 입사할 수가 있었다. 그러나 모든 시험들이 그렇듯.. 그건 시험일 뿐, 정작 일을 하려니 막연하고 자신감이 없었다. 하지만 의욕만큼은 넘치는 초보.

김팀장: 교육은 재밌을 거에요. 교육기간이 짧진 않지만, 많이 성장해 있을 초보씨가 기대가 됩니다.

교육이 시작되고, 동기들끼리 서로 자기 소개를 하는 시간이 되었다.

박증권: '대박증권'에서 5년간 근무를 했습니다. 고객은 우리에게 대박날 상품을 찍어달라고 하고, 저희가 수익이 난다고 하면 믿고 따라줘요. 그런데 시장을 예측하고 종목을 골라주는 게 그리 쉽나요. 운이 나빠 손실 나면 고객이 난리치기도 하죠. 고객과 계속 함께 갈 수 있는 방법이 재무설계라는 생각이 들어 이직을 결심했어요

최은행: 저는 '옆집은행'에서 20년간 있었네요. 사람들은 은행을 친숙하게 생각하죠. 그래서 우리가 어떤 상품을 권하던 귀 기울여 듣곤 해요. 그런데 정작 우리는 고객에 대해 거래정보를 제외하고는 잘 알지 못해요. 저는 은행의 고객이 아닌 제 고객들과 함께 호흡하는 그런 직업을 꿈꿔왔거든요. 그런 재무설계사가 되고 싶어 이 곳에 오게 되었답니다.

오보험: 저는 '다보장생명'에서 1년간 있었어요. 첫 직장은 무역회사였는데, 재무설계를 할 수 있다는 말에 보험사에 입사했었죠. 보험사에서도 재무설계를 하시려는 분들이 많아요. 그런데, 고객에게 불리해도 그 보험사

의 상품을 권하지 않으면 먹고 살기가 너무 힘들더군요. 전 정말 재무설계를 잘 하고 싶어서 이직했어요.

이초보: 안녕하세요. 저는 대학원에서 공부하다 회사에 들어오게 되었습니다. 다른 분들은 직장 경력이 다 있으신데, 저만 첫 직장이네요. 경험도 부족하고, 아는 것도 적습니다. 많이 배우겠습니다.

김팀장 말대로 기존에 금융권에 근무하다가 이직한 사람들이 많이 보였다. 이초보는 '이런 사람들 사이에서 잘할 수 있을까?'란 의구심도 들었지만, 교육에 열정적으로 참여하기로 했다.

수업의 내용은 대체로 아래와 같은 주제를 다루었다.

재무설계는 구체적으로 어떤 내용을 다루는가?

재무상담의 주제는 여러 가지 기준으로 구분할 수 있지만, 크게 재무목표에 따른 구분과 재무목표 달성을 위한 수단에 따른 구분으로 크게 나눌 수 있다. 이를 좀 더 세분화하면 아래와 같다. 부동산의 경우는 그 자체가 거주지로서 삶의 목표가 되기도 하고, 투자의 한 수단이 된다는 점에서 독특한 측면이 있다.

재무목표에 따른 구분

결혼 플랜	결혼자금 예산수립 및 구체적인 준비계획
내집마련 플랜	전월세 및 매매(경매)를 통한 내집마련, 시프트 등 관련제도 및 대출의 활용법
자녀교육 플랜	주로 자녀의 대학자금 및 유학자금 마련을 위한 플랜

은퇴 플랜	재직자의 월적립 및 은퇴예정자의 목돈 활용을 통한 은퇴 후 현금흐름 창출
상속증여 플랜	절세, 피상속인의 사망시까지 통제권 유지, 가족간의 불화 방지 등을 목표

수단에 따른 구분

투자설계	주식, 채권, 원자재 등의 투자를 통해 자산을 증식하기 위한 포트폴리오 수립
위험설계	보험, 충당금 등을 활용하여 비상시를 대비
부동산설계	부동산은 거주를 위한 목적자산이자 투자자산으로의 양면성을 지님
세금설계	탈세가 아닌 합법적인 절세를 통한 실질 수익률 제고

시험을 준비하면서 이론적인 부분은 이미 접했었지만, 실제 사례를 통해 접하는 내용이 너무 재미있었던 이초보는 교육을 마치고 가장 친한 친구인 강태산과 약속을 잡았다.

2) 자산이 없어요

이초보: 태산아 나 기초교육 끝났다.

강태산: 여~ 초보. 실험실에 있을 때 보다 할만 해?

이초보: 응 재미있어. 밥 먹으면서 이야기하자. 내가 그쪽으로 갈께.

점심시간에 약속을 잡은 초보, 태산에게 재무설계를 권했다. 그런데 친구인 강태산의 반응은 기대에 못 미쳤다.

강태산: 상담은 아직 시기상조인 거 같아. 난 아직 소득이 적고 모아놓은 자산도 없거든.

이초보: 흠.. 그렇구나.

이초보는 처음부터 의욕이 꺾이는 느낌이었다. 김팀장님께 문자를 보냈다. '친구가 아직 재무설계의 필요성을 못 느낀다네요. 모아놓은 자산이 없다고 해요.' 돌아가는 길에 김팀장의 전화가 왔다.

"저도 상담 중이라 연락이 늦었네요. 초보FP, 제가 메일로 자료를 보내드린 게 있으니 한번 살펴보시고 내일 이야기해봐요..*^^*"

메일 제목은 다음과 같았다.

 **재무설계에 대한 오해**

From 김 팀장
To 이 초보
5월 3일 오전 12:45

초보씨, 고객을 처음 만나보니 어떠신가요?

많은 고객들이 재테크나 자산관리란 개념을 재무설계와 혼동하는 경우가 많답니다. 초보씨께 도움이 될까 싶어서, 재무설계에 대해 오해를 하고 있는 고객들이 주로 보이는 몇 가지 반응들과 그에 대한 설명을 통해 알려드리겠습니다. 잘 살펴보시고 고객의 오해를 잘 풀어드리세요.

첫 번째 반응, "돈 많은 사람들만 하는 것 아닌가요?"

자산가들은 운용할 수 있는 자산이 많기 때문에 다소 위험부담이 큰 상품에 투자를 해서 손해를 보더라도, 다른 부분에서 메워줄 수 있는 투자 포트폴리오를 갖추고 있어서 자산을 모두 잃을 가능성이 적습니다. 이런 방식을 자산관리라고 할 수 있습니다.

이렇게 자산관리는 '모아놓은 자산'이 있어야 가능하지만, 재무설계는 '돈을 모아가는 과정'에 있는 사람들에게 더욱 절실한 부분입니다. 왜냐하면 종자돈을 모으지 못한 상황에서 정확하지 않은 정보에 휘둘려 재테크에 실패(물론 성공가능성도 있긴 합니다.)하게 되는 경우, 재기가 쉽지 않게 됩니다.

따라서 재무설계는 현재 준비된 상황에 맞춰 현금흐름관리에서 시작해서 자산관리로 이어지게 됩니다.

두 번째 반응, "개인적인 상황은 아직 오픈할 수 없구요, 좋은 투자처 있으면 알려주세요."

재무상담은 개인들이 자신의 재무목표에 맞게 현재 자원을 적절히 활용하고 있는지 점검하는 데서 시작합니다. 즉 불필요한 부분을 조정하고 버리는 데서 개선이 시작되는 것이지요. 예를 들어 무분별하게 신용카드를 쓰면서 지출관리가 안 되는 부분, 정보가 없어서 불필요하게 고리의 대출이자를 부담하는 부분, 소득 대비 과도하게 나가고 있는 보험료 등이 대표적입니다.

현재의 상황을 전혀 모르는 상태에서 좋은 투자처를 판단하는 것은 매우 어렵습니다. 그것은 마치 의사에게 가서 검진은 받지 않고 좋은 약을 처방해달라는 것과 같죠. 재무상담은 고객과 재무설계사가 함께 협력하며 개선점을 모색하는 것입니다. 따라서 좋은 재무설계사는 고객이 마음을 열 수 있게 하려고 노력합니다. 그런데 특정 상품을 세일즈할 목적이 있는 분은 고객이 위와 같이 반응하면, 곧바로 좋은 투자처라고 하면서 본인이 세일즈할 상품을 제시하는 경향이 있답니다.

세 번째 반응, "이미 재무상담을 받았습니다."

요새는 일반 금융회사에서도 재무설계라는 말을 전면으로 내세우는 경우가 많아졌습니다. 처음에는 보험회사가 장기상품을 판매할 때 마케팅의 일환으로 많이 활용했는데, 최근에는 은행이나 증권사 창구에도 공인재무설계사 자격을 제시하고 상담을 해주시는 경우가 많습니다.

재무설계사가 어느 조직에 속해 있던 정말 정확하고 좋은 서비스를 제공해주시는 경우가 있습니다. 따라서 정확한 재무분석 보고서 및 포트폴리오를 제시 받았고, 몇 차례에 걸친 상담 프로세스를 거쳐 깊이 있는 상담을 받으셨다면, 아울러 지속적인 모니터링도 이뤄지고 있다면, 그 재무설계사와 지속적인 거래를 하시면 됩니다.

그러나 재무상담을 받았는데, 개선된 부분이 없거나 혹은 특정 금융상품만 가입하고 이후 관리가 허술한 경우엔, 제대로 된 재무상담이 아닌 경우일 수 있습니다. 수술이 필요한 큰 병에 걸리면 병원을 몇 군데 돌아보면서 정확한 진단인지 확인해보는 경우가 있습니다. 재무상담의 경우도 단순히 마케팅의 일환인 경우가 있고, 정확한 상담인 경우가 있으니 주의하셔야 합니다.

네 번째, "유료상담과 무료상담의 차이점이 궁금해요."

많은 사람들이 다음과 같은 생각을 하고 있으리라 봅니다.

1) 재무설계는 돈 많은 사람들이 하는 것이다.
2) 재무설계는 무료이다.

1)의 경우는 위에서도 잠깐 언급했지만, 비용 측면에서 다시 설명하겠습니다. VIP센터(은행, 증권 등에서의 자산가들을 관리해 주는 곳)에서 하는 '무료' 재무설계는 금융회사에 맡겨 놓은 고객의 자산에서 발생한 수수료를 통해 수익이 충분히 확보되기 때문에 가능한 형태입니다. 따라서 고객이 일정 금액 이상의 자산을 맡기고 이 금액이 유지가 되지 않으면, 금융회사들도 무료로 상담해 주지는 않습니다.

따라서, '무료' 재무설계에 응한다는 것은 해당 금융회사가 제공하는 상품 판매를 어느 정도 예상하고 받으셔야 합니다. 금융회사는 금융상품으로 영업을 하는 회사입니다. 거기서 나오는 '수수료'가 '상담료'를 대체할 수 있다고 생각하기 때문에 '무료'라는 이름을 사용하는 것이지요.

보험설계사들이 '무료'라고 하면서 재무설계를 해 준다고 하는 경우가 종종 있습니다. 물론, 체계적으로 각 분야별로 점검해 주고, 앞으로 나아갈 길 등을 정확하게 짚어주는 분들도 있으리라 생각됩니다. 하지만, 재무설계를 하나의 마케팅 수단으로 생각하여 궁극적으로는 자신이 취급하는 보험상품을 구매하게끔 하는 형태가 많기에 재무설계에 대한 잘못된 인식으로 이어지는 경우가 많습니다.

최근 들어, 선진국의 경우처럼 국내에도 유료 재무상담에 대한 수요가 늘어나고 있습니다. 비용을 지불하더라도 정확한 컨설팅을 받고 싶어하는 사람들이 많아지고 있다는 것은 바람직한 현상이죠. 재무설계사들도 무료로 상담을 해주면서 상품 판매에 집중하는 유형과 정확한 재무상담과 관리서비스를 제공하면서 대신 상담비용을 청구하는 유형으로 나눠지고 있습니다.

초보씨가 고객에게 제공하는 서비스가 정당한 노동의 대가가 되도록, 열심히 노력해 보세요^^

3) 재무설계 프로세스는 왜 필요한가?

다음날 교육시간은 김팀장이 진행할 차례였다.

이초보는 내심 반가웠지만, 김팀장은 이초보를 크게 의식하지 않고 곧바로 재무설계 프로세스에 대한 이야기를 시작했다.

김팀장: 여러분은 재무설계 프로세스에 대해 잘 알고 계시겠죠? 재무설계 프로세스는 건강검진 프로세스와 많이 흡사한데요, 제가 간단히 정리를 해볼께요.

재무설계 프로세스 vs 건강검진 프로세스

　재무상담을 진행하는 과정은 건강검진 과정과 매우 흡사합니다. 그 과정을 정리해보면 아래와 같습니다. 매우 흡사하죠? 그래서 선진국에선 재무설계사를 '재무주치의'라고 표현하기도 한답니다.

의사의 검진 과정 vs 재무상담 진행 과정

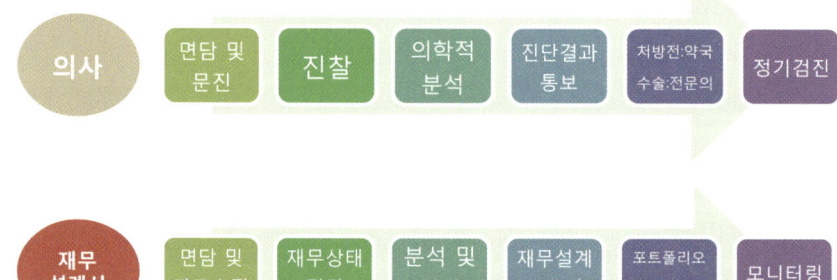

　그런데 간혹 재무적인 문제가 발생했을 때 급하게 재무설계사를 찾는 경우가 있습니다. 그때는 건강검진이 아니라 수술 치료를 병행해야 하는 경우가 생기게 됩니다. 재무상담은 건강할 때 주기적으로 점검하는 것이 좀 더 효과적입니다.

예방적 재무설계 vs 문제해결형 재무설계

 VS.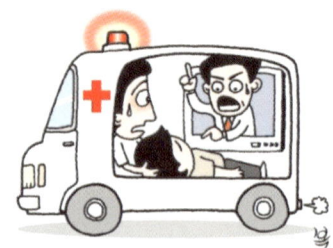

> 마지막으로 의사들도 자신만의 전문분야가 있듯이, 재무설계사들도 공통적으로 금융에 대한 서비스를 하지만, 자신만의 전문분야가 있습니다. 그러다 보니 의사들이 간혹 협진을 하는 것처럼 복잡한 재무적 문제를 해결할 때는 팀을 이뤄서 재무상담을 진행하기도 합니다.

김팀장: 이쯤에서 질문을 드려볼께요. 이 귀찮은 프로세스 왜 필요한 걸까요?

교육생: …

김팀장: 고객들이 기존 금융기관에 가서 투자관련 상품을 가입하는 경우를 한번 살펴볼까요? 투자상품이니 당연히 여러가지 리스크가 있을 겁니다. 금융감독원에서는 고객들에게 정확한 절차에 걸쳐 판매가 되도록 금융기관으로 하여금 고객에게 불리할 수 있는 상황을 미리 고지하도록 정해놓았습니다. 그리고 그 설명을 들었다는 증거로 고객은 서명을 하게 되어 있죠. 그런데 현실에선 어떻죠? 정확하게 한분 한분에게 설명을 하기 위해선 많은 시간이 소요됩니다. 창구에서 보면, 항상 대기하는 다른 고객들이 있죠. 그리고 정작 눈앞에 있는 고객도 시간이 많이 소요되는 데 불만이 많습니다. 그래서, 설명은 대충 형식적으로 하고, 몇 군데 서명할 부분만 알려주는 경우가 많습니다. 제 말이 맞나요?

교육생: 네, 맞아요.

김팀장: 보통 이렇게 진행된 절차는 실제 고객보호 차원에서 아쉬운 부분이 많습니다. 오히려 고객과의 거래에서 금융기관에 절차적 정당성을 부여해 면죄부만 주고 마는 경우가 많습니다. 항상 문제가 터진 다음에야 고객들은 불만을 갖곤 합니다. 그땐 이미 늦었지만..

최은행: 사실, 근무시간 등을 쪼개서 금융업무를 보는 고객 입장에서도 긴 시간을 내는 게 어려운 거 같아요. 귀찮기도 하구요.

김팀장: 맞습니다. 기존 금융기관의 상품판매 과정을 보면, <u>최소한의 판매절차를 준수하면서 효율성을 최대한 추구</u>하는 거 같습니다. 재무상담을 신청하는 고객들은 <u>그 효율성 속에서 놓치는 부분</u>을 잡고 싶어합니다. 예를 들어 개인의 상황에 대한 정확한 진단이나 성향에 맞춘 포트폴리오 제시, 여러 투자 위험에 대한 정확하고 쉬운 사전 설명 등이 그것이죠.

김팀장: 그런데, 모순되게도 기존 상품 중심의 상담에 익숙하기 때문에 설명은 간략히 듣고 나머진 재무설계사가 알아서 해줄 거라 생각하는 경우도 많아요. 재무상담 프로세스는 재무설계사가 그런 고객의 참여를 이끌어내기 위해 재무설계에 대한 공감대를 만들어가는 과정입니다. 다른 한편으론 고객의 상황을 다각도로 점검해보는 일종의 체크리스트로 생각할 수 있겠네요. 이런 과정을 통해 자신이 미처 생각지도 못했던 방향이나 위험요인을 발견하기도 하죠. 자기 삶에 대해 진지하고 애착이 있는 분들일수록 맞춤형으로 이뤄지는 이런 재무설계 프로세스를 합리적으로 느끼고 좋아한답니다.

오보험: 그렇군요. 고객이 스스로 문제라고 생각하고 있는 것도 있지만, 스스로 문제라고 생각하지 않았던 부분에서 더 심각한 문제가 발견되는 경우도 있으니까..

김팀장: 그렇습니다. 지금까지 설명을 요약해보면, 고객들에게 재무설계의 필요성을 정확하게 전달하는 것, 그것이 재무설계의 첫 출발점입니다. 고객들은 기존의 금융 서비스에서 뭔가 허전하고 부족함을 느끼고 있어요. 바로 그게 재무설계라는 것을 깨닫게 해주면 됩니다. 다음 시간엔 현금흐름표 작성과 지출관리에 대해 배워보겠습니다.

이초보는 이제야 강태산이 거절한 이유를 알 것 같았다. 초보는 다시 강태산에게 연락하기 위해 핸드폰을 꺼냈다.

4) 돈이 모이지 않아요

점심시간을 이용해 다시 만남을 가진 초보와 태산.

이초보: 태산아 지난 번엔 내가 갑작스레 상담 받으라고 해서 당황했지? 내가 처음이라 많이 미숙하다. 이해해줘.

강태산: 처음부터 잘 할 거란 건 바라지도 않았어. 그냥 편하게 해.

이초보: 그래, 태산아 그런데 넌 돈이 왜 부족하니?

강태산: 야 너 말 잘했다. 월급쟁이들이 받는 건 일정하지. 근데 나가는 돈은 점점 늘어나. 이젠 나도 경력 5년차 대리야. 너야 학교에 계속 있었으니까 느낌이 다를 수도 있겠지만, 나이에서 느껴지는 부담은 같을 거야. 선후배 결혼식도 많아지고.. 말이 나온 김에 얘기하자면 결혼을 꼭 해야 하나 그런 생각도 들고, 실제 경제적인 부분도 무시를 못 하겠어. 내 돈으로 살 수 있을까? 어디까지 벌어야 하는 거지? 언제까지? 별별 생각이 다 드는 거야. 입사했을 때랑은 생각이 많이 달라졌어. 뭔가 해보겠다 라는 의욕보다는 그냥 돈 주니까 다니는 거 같아. 목적의 상실이랄까? 아 돈 얘기하다 말았지? 그냥 필요해. 이상하냐?

이초보: 아냐. 이게 현실이지 뭐.

강태산: 뭐, 어쨌든 결혼은 하겠지. 남들 보기엔 직장 나쁘지 않고, 나이도 있고 하니까. 근데 결혼하면 애도 생길 것이고, 야 왜 내가 항상 욕하는 과장 있잖아. 어제 회식 끝나고 집에 가는데 한 잔 더 하자고 하더라구. 피곤해 죽겠는데 어쩌겠냐. 따라갔지. 근데 나 붙잡고 자기 힘든 얘기 하는데 기분이 묘하더라고. 애들 대학 보내려면 15년은 넘게 남았고, 주택대출금도 갚아야 하는데 앞으로 진급해봤자 부장이고, 그러면 한 10년 남았나? 싶은데 버틸 수 있을 지 모르겠고. 이런저런 얘기 하다가 엄청 취했길래 그 과장 집에다 데려다 주고 나오는데 불쌍해 보이기도 하고, 내 10년 뒤 모습일 거 같아서 걱정도 되고 그러더라.

이초보: 응.

강태산: 참..내가 점심시간에 별 소릴 다하네. 이런 얘기는 술 마시면서 해야 하는데. 야 너 언제 시간되냐?

태산이와의 식사를 마친 후, 여러 가지 생각이 들었다. 처음 회사에 입사 했을 때 김 팀장이 던졌던 질문 '돈이 왜 필요한가요?' 와 '돈이 왜 부족한가요?' 가 말은 다르지만, 궁극적으로는 같은 의미인 듯 싶었다. 자리로 돌아오자마자, 김 팀장을 찾았다. 다행히 자리에 있었다.

"상담은 잘 하셨나요?"

"아직은 제가 하는 게 상담인지는 잘 모르겠네요. 근데 지난 번 보다는 친구 얘기를 훨씬 더 많이 듣고 왔습니다."

"상담은 잘 듣는 것부터 출발합니다. 지난 번 보다 많은 얘기를 들을 수 있었다는 건 그만큼 잘 했다는 얘기겠지요. 오늘은 어땠나요?"

"친구한테 돈이 왜 부족하니? 란 질문을 했는데, 어렴풋하게나마 기본적인 얘기를 다 한 거 같습니다. 결혼부터 아이 얘기까지 하던데요? 그냥 돈이 필요하다고는 하는데, 좀 두루뭉실한 듯 보였습니다. 표현은 좀 다르지만, 제가 처음에 직업을 택하면서 했던 고민들과 비슷하단 생각도 들었구요."

"핵심적인 질문을 했네요. 그래서 상담을 잘 이끌어 낼 수 있었구요. 어떻게 본다면, 재무설계의 처음이자 시작이 왜 돈을 모아야 하는가? 입니다. 제가 처음 했던 질문 기억하시나요?"

"네"

"본인이 생각했던 대답과는 어떻게 다르던가요?"

"저는 미래에 강조 하고 싶은 것을 위해 돈을 모아야 한다는 생각인데, 친구는 당장 현재에 대한 고민이 더 큰 것처럼 느껴졌습니다."

"그렇다면, 초보씨와 친구분의 차이는 어디서부터일까요?"

"음…본인이 쓰는 돈의 차이? 저는 제가 사용하고 있는 돈의 흐름? 매일매일 사용하는 한도? 그런 것들을 정하고 생활하는데요. 친구는 그렇지 못한 거 같았습니다. 뭐랄까…본인이 들어오는 금액에 비해 많은 돈을 쓰고 있다는 느낌도 들었구요."

"있으면 쓰고, 없으면 없는 대로 생활하는 그런 거?"

"네"

"점심시간밖에 없었으니까 많은 얘기를 한 것은 아니겠지만, 초보씨가 파악한 부분이 맞다면 친구분은 본인의 현금흐름에 대해 정확히 인지하고 있지 못하다는 생각이 드네요. 현금흐름과 재무상태를 파악하는 것부터 재무설계는 시작합니다."

"현금흐름? 재무상태? 그게 뭔가요?"

5) 현금흐름표와 재무상태표

"표를 보면서 설명할까요?"

 현금흐름표와 재무상태표

소득과 지출, 저축과 투자를 월간 현금흐름에 맞춰 정리해놓은 표를 현금흐름표라고 합니다. 나무만 보면 숲 전체를 보기가 힘들 듯이, 개별 상품이나 지출 항목 등을 상세히 살펴 보는 것만으로는 전체적인 현금흐름의 강점과 약점을 알기가 어렵습니다.

현금흐름표

사업/근로 소득	저축과 투자
이자/배당 소득	고정 지출
임대 소득	변동 지출
기타 소득	미파악 지출
총 소득	총 지출

일반적으로 현금흐름표의 좌측은 소득을 유형별로 정리하고, 우측은 1)저축과 투자 2)고정지출과 변동지출 3)미파악지출로 구분합니다. 현금흐름이 개선된다는 것은 변동지출 항목 중 불필요한 부분을 조정하고, 미파악지출을 잡아내서 전체적인 저축과 투자 금액을 늘려가는 것을 의미합니다.

특정시점의 자산과 부채 현황을 정리해둔 표를 재무상태표라고 합니다. 이 때, 개인의 투자성향과 금리나 시장상황에 따라 1)부채를 최소화하고 순자산을 늘리는 전략과 2)부채를 최대화하여 총 자산을 늘리는 전략을 구사할 수 있습니다. 이 때 총 자산을 늘린다는 의미는 비록 순자산이 같다고 하더라도 자산의 가용 규모가 훨씬 크기 때문에 레버리지 효과를 기대한다는 뜻입니다. 대개의 경우 확실한 투자수익이 기대되지 않는 상황에서 부채를 통해 투자를 하는 것은 그만큼의 위험을 감안해야만 가능한 방법입니다.

재무상태표

유동 자산	단기 부채
투자 자산	중장기 부채
연금 자산	기타 부채
부동산 자산	총부채
기타 자산	순자산
총 자산	부채와 순자산 합계

또한 유동자산을 활용하여 투자대기자금이나 비상예비자금의 용도로 활용할 수도 있습니다. 유동자산이 적정 규모를 넘어서게 되면 자산이 비효율적인 상태에 놓이게 되며, 유동자산이 적정 규모 이하로 내려가면 현금흐름에 이상이 생겼을 때 기존의 저축과 투자 플랜에 지장이 생길 우려가 있습니다.

"이것이 현금흐름표와 재무상태표입니다. 현금흐름은 소득과 지출, 다시 말해 얼마가 들어오고, 얼마가 나가는 지를 나타냅니다. 재무상태는 현재 갖고 있는 자산과 부채의 유형과 규모를 보여줍니다."

"마치 기업에서 사용하는 것 같은데요?"

"잘 알고 있네요. 대차대조표라는 말을 들어 보셨을 것입니다. 재무상태표(현재는 자산부채상태표란 용어를 사용)의 예전 이름이지요. 형식은 기업에서 사용하는 것과 크게 다르지는 않습니다."

"아, 그러면 기업처럼 소득과 지출에 대해 분석하여 거기에 따른 장, 단점을 파악하면 해줄 얘기가 많을 거 같은데요?"

"다음 번 만남 때는 친구분에게 이 표를 작성해 보라고 하세요. 그러면 숲이 보이고 나무가 보일 거에요. 친구의 문제가 소득부분에 있는지, 아니면 지출관리가 안 되는 건지, 투자나 저축을 비효율적으로 하고 있는 건 아닌지 등.. 그런데 친구가 혼자 작성하긴 어려울 수도 있으니, 초보씨가 옆에서 도와주셔야 해요."

6) 무조건 아껴야 하나요?

"그러면 이 표를 작성하게 한 뒤, 최대한 돈을 안 쓰고 절약하게 하면 되겠네요. 뭔가 진행되는 것 같아서 신이 나는데요?"

"초보씨, 돈을 안 쓰는 게 항상 좋은 건가요?"

"네?"

"방금 말씀하신 그대로 해석하면 무조건적으로 줄여야 한다는 것으로 들리는데요?"

"돈을 모으려면 그래야 하지 않을까요?"

"음... 그러면 밥도 먹으면 안되겠는데요?"

"네?"

"밥을 먹는 것도 돈이 필요합니다. 식당에서 사서 먹든, 집에서 해 먹든 말이지요. 초보씨 얘기대로면 돈을 모으기 위해서라면 하지 말아야 하겠는데요?"

"그런 뜻으로 한 얘기는 아닌데... 제 생각이 딱히 틀린 거 같지도 않지만, 팀장님 말씀 들으니 뭔가 제가 이야기를 잘못 한 느낌인데요?"

"하하, 고객의 입장에서는 당연히 나올 수 있는 반응입니다. 돈을 아끼는 것은 중요합니다. 하지만 고객의 상황이 다르다는 건 인정해야죠. 예를 들어 같은 미혼의 직장인이라도 부모님께 드리는 용돈이 어떤 분은 그냥 말

그대로 '용돈' 일수도 있고, 어떤 분은 은퇴준비 없이 퇴직한 부모님의 '생활비' 일 수도 있어요"

"네"

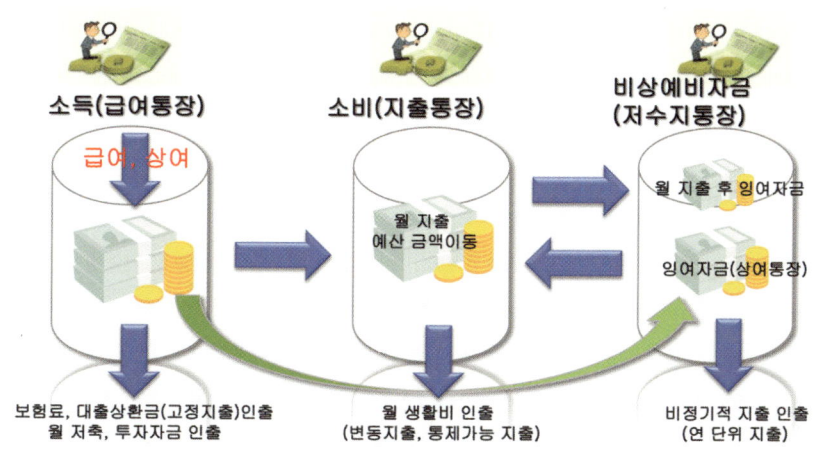

"따라서 고객의 지출 구조를 파악하면서, 과연 개선 가능한 부분이 어떤 것인지, 그리고 고객의 개선 의지는 있는지 그리고 지출의 눈높이는 어떠한지 등을 살펴보는 게 필요하죠. 이 때 지출을 고정지출과 변동지출로 나눠서 살펴보는 것이 도움이 됩니다. 보통 고정지출은 조정할 수 없이 필수적으로 나가는 지출을 말하는데, 대출이자/ 보장성 보험료/ 세금 등이 대표적입니다."

"아, 그러면 생활비인 변동지출을 최대한 줄이라고 하면 되는 건가요?"

"정확히는 고객이 지출에 대해 느끼는 민감도를 높이는 게 좋겠죠. 다시 말하면, 불필요한 지출을 할 때 기회비용을 인식하게 하는 것, 꼭 필요한 부분 위주로 지출하는 것, 현재의 소득 및 미래의 지출을 고려한 소비습관을 갖게 하는 것이 목표가 됩니다."

"한가지 덧붙이자면, 아무리 좋은 뜻을 갖고 이야기하고, 재무설계사의 제안이 나은 방향으로 갈 수 있다 할 지라도, 듣는 사람이 불편하다면 그것은 이뤄지지 못할 가능성이 높습니다. 실행하지 못하는 제안은 제대로 된 제안이 아닙니다."

"네"

"재무상태표에 대해선 다음 기회에 좀 더 자세히 다뤄보도록 하죠. 초보씨가 잘 배우는 것 같아 팀장으로써 보람을 느낍니다. 앞으로도 계속 노력하세요."

한국형 가계재무비율 도출 및 가이드라인 제안 (2012년 12월 7일 FP학회 발표)

03

투자이야기

01 재무설계에서 말하는 투자
02 투자, 꼭 해야 하나요?
03 투자의 5원칙
04 소개고객을 만나다
05 나의 투자성향 알아보기
06 보수적 투자자?

03 / 투자이야기

1) 재무설계에서 말하는 투자

이초보는 친구 강태산을 몇 차례 더 만나면서 상담을 진행했는데, 나름 신뢰가 쌓였는지 동료인 나소심씨를 소개받았다. 관심 분야가 투자라고 해서 미리 준비하고자 새벽에 출근한 이초보.

"이초보FP는 항상 일찍 나오나요?"

"아 박증권FP님, 일찍 나오셨네요?"

"증권사에서 일하다 보면, 아무래도 일찍 출근할 수 밖에 없어요. 이초보 씨는 담배 피워요?"

"담배는 끊었습니다만, 이야기 상대는 되어드려야지요."

박증권이 이야기를 먼저 건네주어 내심 반가웠다. 입사동기이면서 출근 시간도 비슷하고, 고객에게 어떻게 이야기해야 하는지 물어볼 수도 있을 것 같았다.

"나 혼자 담배 피우는데 옆에 있게 하기 미안한데."

"하하, 괜찮습니다."

"이초보씨는 이쪽 경력치고는 참 특이한 거 같아요. 보통 금융권에 있던 사람들이 이쪽을 생각하는 경우는 있어도 전혀 무관했던 사람이, 그것도 쉬운 길이 아님에도 오는 걸 보면 말이에요."

"어느 정도 각오는 하고 왔지만, 이렇게 알아야 할 게 많은 줄은 몰랐습니다."

"일찍 나오는 게 쉽지만은 않을 텐데… 그리고 보면 나도 아침잠이 참 많았던 사람인데, 증권회사 다니면서 습관이 들어서 이렇게 나오게 되네요. 여기는 누가 일찍 나오라고 하는 것도 아니지만, 출근하면 일단 주식시장부터 들여다 보게 되고."

"저도 학교에 있을 때는 이렇게까지 빨리 나오지는 않았는데 말이죠."

"이초보씨는 참 신기한 사람이야."

"네?"

"내 얘기 한번 들어볼래요?"

박중권은 답답한 부분이 많았던 모양인지, 그새 담배를 한 대 더 피운다.

"다른 쪽보다 투자에 관심이 많아서 증권사에 취직했고, 일을 배웠지요. 근데, 내가 생각했던 것하고는 완전히 다르더라구요. 회사는 나에게 가능한 많은 자금을 유치하기를 원하고, 그러다 보니까 창구를 찾는 고객들에게 무리하다면 무리한 수익률을 제시할 수 밖엔 없었어요. 또한, 매월 프로모션이라는 게 있어서 여기에 맞도록 투자상품 가입을 유도해야 하구요."

이초보는 처음 듣는 얘기에 놀랐다.

"상품 가입을 권유해야 한다구요?"

"아직 몰랐군요? 모든 금융업의 본질은 영업입니다. 회사에서 인정받으려면 영업을 해야 하고, 그러려면 많은 고객을 유치해야 합니다. 나는 투자를 통한 재무설계를 하고 싶었는데 실제로는 판매만 하고 있는 거에요.
물론, 증권회사가 나쁘다는 얘기나, 거기서 근무하시는 분들이 잘못되었다는 얘기가 아니에요. 내가 잘못 생각하고 있었던 것이었지요. 스스로 맞지 않는 옷을 입었기 때문에 그것을 이제라도 벗은 것이에요. 증권회사에선 고객들도 수익률에 관심이 많고, 거기서 일하는 우리들도 수익률 높은 상품을 권해요. 사실 중요한 것은 투자에 대한 위험인데, 그런 이야기를 하면 고객들이 매우 귀찮아하죠. 겁이 많은 고객은 거래를 망설이게 되고.. 고객들은 기다려주지 않습니다. 손실이 나면 당연히 욕먹고, 그 중에는 객장에 와서 난동을 부리거나, 무례하게 행동하는 사람들도 있어요. 하지만 어쩌겠어요. 당연히 고객들도 수익을 바라고, 거기에 맞게끔 행동해야 하는 것이 증권사 직원들이니까요."

"전혀 생각지도 못했던 사실입니다."

"그래서 난 이초보씨가 신기했어요. 첫 단추부터 순수하게 재무설계를 하려는 생각이라면, 직업을 잘 선택한 거에요. 나처럼 시간낭비를 하지는 않을 테니까. 하지만 경험이 부족한 게 한번씩은 발목을 잡을 겁니다."

"네. 사람들을 만나면서 그런 느낌을 많이 받았습니다. 그런데 재무설계는 영업이 아닌가요?"

"재무설계도 당연히 영업이죠. 아니 세상 모든 직업은 뭔가를 팔아야 하지 않을까요? 다만 재무설계가 뭘 파는 것인지는 매우 중요한 부분인 거 같아요. 전 상담 그 자체, 즉 재무적인 솔루션을 파는 것이 재무설계라고 생각해요. 이것은 단순히 금융상품을 파는 것과는 구분이 되죠. 아침부터 내 푸념만 내뱉었네. 들어갑시다."

"네. 박증권FP님도 힘내세요."

아침부터 고민만 잔뜩 얻어온 이초보, 고객을 만나기 전에 조언을 듣고자 김팀장과 아침에 미팅을 갖기로 되어 있었다.

"팀장님. 무척 어렵네요."

"갑자기 뭐가요? 고객 미팅 준비가 어렵다는 건가요? 아니면?"

"아침에 준비하면서 입사동기인 박증권FP랑 잠깐 얘기를 했는데요. 그래도 증권사 출신이라서 상담할 때 도움이 될 만한 게 있을까 싶었는데, 증권사 다니실 때 영업 때문에 힘들었다는 얘기만 듣고 왔어요."

"증권회사에서 말하는 투자와, 재무설계에서 말하는 투자는 접근 방식이 다릅니다. 아마 그 부분에서 혼란 스러워 지셨나 보군요."

"고객에게는 뭐라고 해야 하는지 갑자기 앞이 캄캄해졌습니다."

"이런 이런, 주관도 뚜렷하고 차근차근 배우고 있으신 이초보FP님께서 자신없다니요. 교육받았던 내용 간단하게 정리하면서 기운나게 해 드릴께요.. 투자는 왜 하지요?"

2) 투자, 꼭 해야 하나요?

　김팀장은 교육을 할 때 항상 질문으로 시작하는 것 같다고 이초보는 머리 속으로 생각했다. 이 때 김팀장이 한번 더 묻는다.

"투자를 왜 해야 하지요?"

"금리가 물가상승률을 따라가지 못하기 때문입니다."

"좀 더 쉽게 설명해 보세요."

"이자를 받는 부분으로는 동일한 구매력을 유지할 수 없어서 그렇습니다."

"아니아니, 우리끼리 쓰는 말 말구요. 고객에게 그렇게 설명할 건가요? 지난 번에 이야기했지요? 우리 입장이 아닌 듣는 입장에서 이야기해야 한다구요. 오늘 만나는 고객분은 전혀 투자 경험이 없다고 했는데 그렇게 설명하면 상담에서 많은 부분을 얻을 수 없을 거에요."

　잠깐이었지만, 이초보는 박증권의 말을 통해서 조바심이 생겼던 게 사실이었다. '증권회사는 하지 못하지만 우리는 할 수 있다.'는 생각을 잠시 했었던 것이 '고객을 가르쳐야 한다'는 생각으로 이어졌고, 그게 은연중에 말 속에서 나타났다.

"고객과 만났을 때, 차분하게 풀어서 이야기 해주세요. 투자 5원칙은 초보씨도 익혔죠?"

"장기투자, 적립식투자, 간접투자, 분산투자, 가치투자에 대해서 배웠습니다."

"네, 그런데 단순히 기억만 하고 있는 것으로는 부족합니다. 지금부터 투자 5원칙이 왜 중요한지에 대해 살펴보도록 하죠."

참고자료: 투자관련 주요금융지표

구 분	코스피지수	정기예금	CD	국고채	회사채	원화환율	소비자물가지수	실업율
1998	406.10	13.39	15.22	12.94	15.10	1204.00	82.30	7.00
1999	806.80	7.05	6.81	7.69	8.86	1138.00	83.00	6.30
2000	504.62	7.08	7.08	8.30	9.35	1264.50	84.90	4.10
2001	693.70	5.46	5.32	5.68	7.05	1313.50	88.30	4.00
2002	627.55	4.71	4.81	5.78	6.56	1186.20	90.80	3.30
2003	810.71	4.15	4.31	4.59	5.43	1192.60	93.90	3.60
2004	895.92	3.75	3.79	4.11	4.73	1035.10	97.30	3.70
2005	1379.37	3.57	3.65	4.27	4.68	1011.60	100.00	3.70
2006	1434.46	4.36	4.48	4.83	5.17	919.50	102.20	3.50
2007	1897.13	3.4	5.82	5.74	6.77	932.00	104.80	3.20
2008	1124.47	4.4	3.93	3.41	7.72	1310.00	109.70	3.20
2009	1682.77	3.2	2.86	4.41	5.53	1159.00	112.80	3.60
2010	1882.95	3.2	2.66	3.25	4.03	1125.00	117.80	3.30

2010년은 10월말기준 코스피지수:1998-1999 평균지수, 2000-2010 기말지수 CD는 91일물 유통수익률, 국고채 3년물, 회사채 AA- 3년물 2007년 이후 정기예금 이율은 은행법의 적용을 받는 은행(특별법에 의하여 설립된 특수은행 제외) 중 전년도 수신고 기준 상위 5개 은행의 전월 15일자 이율을 산술평균하여 보험개발원이 공시한 이율임.

3) 투자의 5원칙

 재무설계 투자5원칙

1. 주식을 사업의 일부로 보라. 스스로에게 물어 보라. '주식시장이 내일부터 3년 간 문을 닫는다면 나는 어떤 기분일까' 이런 상황에서도 내가 주식을 가지고 있는 것이 행복하다면 나는 행복한 것이다. 이러한 자세가 투자에 있어 중요하다.

2. 시장은 당신에게 지시하기 위해서가 아니라 봉사하기 위해 존재하는 것이다. 시장은 당신이 옳은 지 그른 지를 말해주지 않는다. 결과가 말해준다.

3. 여러분은 어느 주식이 가치 있는 주식인지 정확히 알 수는 없다. 따라서 안전을 위한 최소한의 여지를 넘겨둬라. 여러분이 어느 정도 잘못된 길로 갔다 싶으면 빠져 나와라.

4. 똑똑한 사람들이 파산하는 가장 일반적인 길은 돈을 빌리는 일이다.

5. 주식은 여러분이 주식을 갖고 있다는 것을 모른다. 여러분은 주식에 대해 감정을 가지지만 주식은 당신에게 아무런 감정이 없다. 주식은 당신이 돈을 썼다는 것을 모른다. 감정적으로 주식을 거래해서는 안 된다.

버크셔 투자자 매뉴얼(Berkshire's Owner's Manual) 中

재무설계 투자5원칙

모든 사람이 워렌버핏과 같은 판단력과 결단력, 그리고 정보를 갖고 있는 것은 아니다. 재무설계사는 일반인들도 아래의 5가지 원칙을 지켜가면 투자의 위험에서 상당부분 벗어날 수 있다고 조언한다.

I. 기업 고유의 위험

특정 기업에 투자를 하게 되면, 아무리 유망하게 보였던 기업이라 해도 상황에 따라 파산하거나 그 가치가 심하게 훼손되는 경우가 발생할 수 있다. 이를 기업 고유의 위험 혹은 전문용어로 '비체계적 위험'이라고 한다. 기업 고유의 위험을 줄이기 위해선 아래의 2가지 원칙을 지켜가면 된다. 즉 '계란을 한 바구니에 담지 말라'는 투자 격언처럼 여러 산업 분야의 대표적 기업에 나눠서 투자를 하게 되면, 손실을 줄일 수가 있다. 아울러 애초부터 잘 망하지 않을 기업에 투자하는 게 중요하다. 이를 가치투자라고 하는데, 기업의 가치를 평가하는 방법은 다양하므로 여기선 생략하지만, 특정 산업분야의 1위 기업에 투자하면 대부분 큰 문제는 없으리라 본다.

①분산투자

분산투자를 하게 되면, 위험은 줄일 수 있으나 대신 특정 기업의 주가가 큰 폭으로 뛰었을 때는 해당 기업에 올인한 경우와 비교하여 수익률이 높지 않게 된다. 따라서 리스크는 줄지만, 대신 기대수익은 줄어들 수 있다. 최대한 분산을 하여 시장평균에 근접하고자 하면 인덱스 펀드와 같은 지수형 상품을 활용하는 것도 권할만하다. 펀드매니저의 운용능력이 거의 필요없기 때문에 수수료도 저렴하다. 최근에는 인덱스 펀드 중에 지수 변동폭의 1.5~2배 정도를 반영하는 레버리지형 상품도 존재한다.

②가치투자

IMF구제금융을 전후한 한국의 주가는 1000포인트 대에서 300포인트 수준까지 급전직하했지만, 1년 6개월 정도 후에는 직전 주가수준을 회복하게 된다. 외환위기가 완전히 극복된 것은 아니었지만, 그만큼 주식은 경제상황을 선반영하기 때문에 가능한 일이었다. 재무교육을 통해 이런 부분을 이야기해주면서 다시 그 시절의 300포인트 수준이던 시점으로 돌아가면 주식 투자를 할 것이냐고 물어보면 대부분 (결과를 아니까) 그렇게 하겠다고 한다. 하지만 여기서 중요하게 생각할 부분이 있다. 외환위기 이전의 1000포인트와 이를 극복한 이후의 1000포인트 사이에는 어떤 차이가 있을까 하는 부분이다. 각 산업분야의 한계기업들은 그 과정에서 시장에서 퇴출된 경우가 상당히 많았다. 그런 기업에 투자한 사람들은 다시 주가지수가 1000포인트를 회복했지만, 본인이 투자한 자금을 모두 날려버린 것이다. 이것이 가치투자, 즉 망하지 않을 기업에 투자해야 하는 이유가 된다. 참고로 지수는 특정 기업이 아니기 때문에 망하지 않는다.

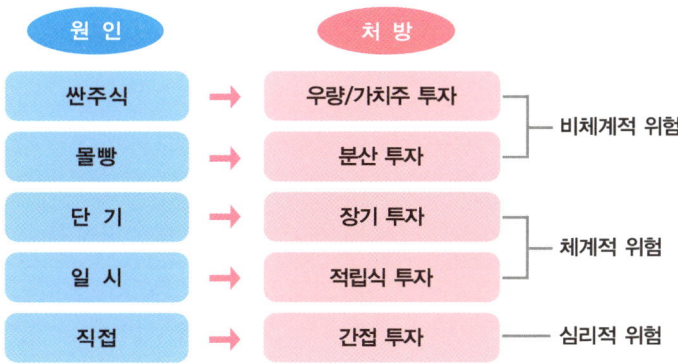

II. 시장 위험

아무리 가치주를 분산해서 투자한다 해도, 시장 전체에 악재가 쏟아지면 버텨낼 재간이 없다. 개별기업에 호재가 있더라도 시장의 영향을 받아 함께 손실을 보게 마련이다. 이를 시장 위험이라고 하며, 전문용어로 '체계적 위험'이라고 한다. 시장 위험을 100% 벗어나는 방법은 투자를 하지 않는 것이다. 물론 이는 요새같은 저금리 시대에는 기대수익률의 저하로 인해 인플레이션이란 또다른 위협에 노출되는 것을 감수해야 한다. 따라서 인플레이션이 크게 중요하지 않은 단기적인 자금 운용에는 굳이 투자를 할 필요가 없으나, 장기적인 플랜에서는 투자를 어느 정도 병행해야만 한다. 이 때 '시장위험'을 극복하거나 그 손실을 줄이는 방법은 아래와 같다.

③장기투자

모든 투자시장은 일정한 주기를 가진다. 원자재나 부동산처럼 굉장히 긴 주기를 갖기도 하고, 주식시장처럼 상대적으로 짧은 주기를 갖기도 한다. 증권업계에선 그 주기를 평균 3년 정도로 설명하고 있고, 실제론 그 보다 조금 짧은 수준이다. 여기서 주의할 부분은, 이러한 주기는 과거의 경험에 의거한 것이므로, 미래에 정확하게 지켜지는 것은 아니란 점이다. 다만 가격이 과도하게 오르면 반드시 내려가고, 과도하게 내려가면 결국 정상적인 가격으로 회복하는 것이 반복된다는 점은 분명하다. 그래서 아무리 고점에서 매수를 했다고 하더라도, 장기적인 관점에서 보유하면 다시 매도의 기회가 찾아온다. 이 때 사전에 2가지 생각할 부분이 있다. 그 기간이 본인이 감내할 수 있는 기간인지가 그 첫 번째이다. 다음은 이 장기투자가 극복하는 것은 '시장위험'이지 '기업고유의 위험'이 아니란 점이다. 즉 금융위기 등의 이유로 시장이 폭락하는 것은 일정한 기간이 지난 후 회복을 기대할 수 있지만, 개별 기업이 특정한 이유로 폭락한 부분은 그 원인이 해결되지 않는다면, 아무리 장기로 보유하고 있어도 힘들 수 있다는 점이다. 이 때 손절매란 개념이 필요한 것이다.

④적립식투자

투자격언 중에 '시장의 방향성에 투자하지 말고, 시장의 변동성에 투자하라'는 말이 있다. 즉 어느 방향으로 시장이 움직일 것인지를 예측하는 것은 상당히 어렵다는 점이다. 다만 시장의 변동성은 계속 반복되는 것이므로, 이를 활용한 투자가 유용하다는 것인데 그 대표적인 방법이 적립식 투자가 된다. 동일한 금액을 특정한 주기에 따라 반복해서 투자를 하는 것인데, 리스크의 관점에선 최고점에서 투자금액 전부를 쏟아 부을 위험이 사라지는 것이고, 가격 측면에서 보면 비쌀 때는 조금만 사게 되고, 쌀 때는 자동으로 많이 사게 되어 평균 매입단가가 낮아지는 효과가 있다. 좀 더 쉽게 말해, 주식으로 말하면 동일금액으로 좀 더 많은 주(주식 거래 단위)를 매입하게 되고, 펀드로 말하면 좀 더 많은 좌(펀드 거래 단위)를 매입할 수 있게 된다.

거치식 투자
600원으로 사과를 사는 첫 번째 방법

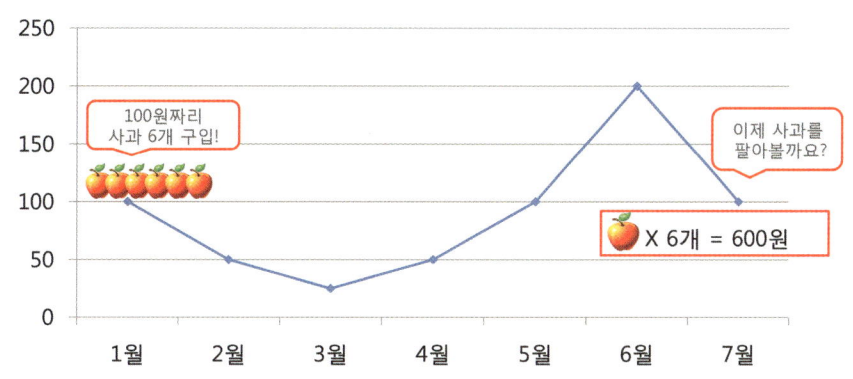

저렴하게 사서, 비싸게 팔아야~
무릎에 사서, 어깨에 팔아라~

정액 적립식 투자 – Cost Average 효과
600원으로 사과를 사는 두 번째 방법

언제 사느냐가 아니라,
얼마에 파느냐가 중요!!

Ⅲ. 심리적 위험

우리는 과거의 사례를 복기하면서, 앞으로도 주가가 폭락하면 매수하고 주가가 폭등하면 매도하겠다는 결심을 하곤 한다. 그런데 정작 그런 상황이 펼쳐지면, 폭락기엔 공포의 감정이 폭등기엔 탐욕의 감정이 시장을 지배한다. 여기서 시장이란 전문가, 언론, 일반 투자자를 모두 포괄하는 의미이다. 이를 시스템적으로 막아보기 위한 방법이 간접투자이며, 그 대표적인 상품이 펀드이다. 다만, 펀드투자가 국내에 보편화된지 10년이 넘은 지금, 몇 가지 주의해야 될 부분도 확인되고 있다.

⑤간접투자

간접투자의 방식은 심리적 위험을 헤지하기 위해 상당히 좋은 방법으로 알려져 왔다. 특히 투자의 전문가인 펀드매니저가 대신 시장을 상대하여 주기 때문에, 개인투자자의 입장에선 마음 편히 본인의 업에 충실할 수가 있다는 것이 주된 논리였다. 그런데, 펀드매니저도 심리적 위험에 대해서 완벽히 자유로운 것은 아니어서, 펀드매니저 단독으로 투자방식을 결정하는 것이 아니라, 해당 펀드에 정해져 있는 투자대상이나 방식에 따라 그 범위 내에서만 펀드 매니저의 운용권한이 인정되어 왔다. 그런데 일부 펀드의 경우는 일반 고객에게 투자대상이나 방식에 대해 명확히 안내가 되지 않은 케이스가 있었고, 이는 펀드의 장점을 상당히 훼손할 수 있는 부분이기도 해서 주의해야 한다. 한편 간접투자의 또다른 장점은 개인이 소액으로 가치투자와 분산투자를 병행할 수 있게 해준다는 점이다. 예를 들어 개인이 삼성전자, 포스코, 한국전력, SKT 등 한국의 대표적인 기업주식을 매월 1주씩만 사모은다해도 그 금액은 상당한 부담이 된다. 하지만 펀드에 투자를 하게 되면, 그 문제가 해결된다. 펀드의 사전적 의미 자체가 특정한 목적을 위해 다수의 돈을 모아 공동으로 운영하는 기금이기 때문이다.

김팀장과 재무설계의 투자5원칙을 다시 살펴본 이초보는 김팀장에게 속마음을 털어놓았다.

"사실, 아침에 박증권FP랑 얘기를 하면서, 재무설계는 뭔가 다르다는 느낌? 그런 것을 주고 싶다는 생각을 했거든요."

"그래서 조바심을 냈군요."

"…."

"재무설계가 돈과 투자에 관해 1부터 100까지 모든 것을 대응해 주지는 못합니다. 하지만, 윤곽을 잡는 것만으로도 개인에게 편안함을 줄 수 있는 것은 사실입니다. 계획을 세우는 것과 아닌 것의 차이는 그만큼 크니까요. 우리보다 더 많은 내용을 알고 있는 사람도 있을 것이고, 시장에 대해 우리보다 더 분석을 잘 하는 사람들도 많습니다. 우리가 잘 하는 것은 고객들을 편하게 해주는 것입니다."

"네"

"자 그러면, 상담 잘 하고 오시기 바랍니다."

4) 소개고객을 만나다

태산의 소개로 점심시간을 이용하여 나소심 주임을 만나게 된 초보.

이초보: 반갑습니다. 이초보FP입니다.

나소심: 안녕하세요. 나소심 주임입니다. 강태산 대리님께 말씀 많이 들었습니다. 근데 호칭을 뭐라 불러드려야 하나요? 대리님 친구분이시라고 하던데…

이초보: 정식 명칭은 재무설계사입니다. FP 또는 재무설계사라고 불러주시면 됩니다.

나소심: 아 그런가요? 그러면 짧게 FP님이라고 부르겠습니다.

이초보: 네 어떤 것을 도와드릴까요?

나소심: 제가 이제 직장생활 3년차인데요. 돈을 어떻게 모으는 게 맞는지요? 이전까지는 학자금 대출을 갚느라 많이 모으지는 못했었는데, 이제 완료했거든요. 본격적으로 돈을 모으고 싶습니다. 주위에서 투자를 해보라고 하는데, 경험이 없어서 불안하고, 필요는 한 듯 싶은데 아는 것도 없고 해서요.

이초보: 점심시간이라 많은 부분을 얘기하기는 힘들 듯 하지만, 차근차근 투자에 대한 기본적인 것부터 말씀 드리도록 하겠습니다.

나소심: 네 잘 부탁 드립니다.^^

이초보: 왜 투자에 대한 생각을 하게 되셨나요?

나소심: 음...회사에서 주식 하시는 분도 있고 펀드 하시는 분도 있는데요. 옆 팀 과장님하고 제가 대학 선후배 사이라서 친한 편이거든요. 하루는 따로 부르시더니 투자한 곳에서 엄청 이익 났다고, 저녁으로 한우를 사 주셨는데요. 부럽더라구요. 정기적금만 열심히 해왔던 저도 과장님처럼 투자를 해보고 싶다는 생각이 들었어요. 그런데, 저희 팀 팀장님은 애들 등록금 만들려 했다가 반토막 나서 대출을 받으시더라구요. 그런 모습을 보면 겁도 나고 그래요.

이초보: 그러시군요. 그러면 주임님. 투자와 저축의 차이는 뭐라고 생각하시나요?

나소심: 어? 어...투자는 내 돈보다 더 많이 받는 거? 저축은 내 돈만큼 받는 거? 생각해 본 적이 없네요.

이초보: 저축과 투자의 차이는 원금 손실의 유무입니다. 저축은 아무리 최악의 상황에도 원금에 대한 손실이 나지 않습니다만, 투자는 원금이 0이

될 수 있습니다.

나소심: 에? 하나도 못 건질 수 있다구요? 그러면 투자는 엄청 위험한 거네요?

이초보: 아무 것도 모르는 상태에서 투자를 한다면 위험하지요. 그 위험을 줄여가면서 적정 금액을 적정 시점까지 유지한다면, 훌륭한 투자가 될 수 있습니다. 그 전에, 투자의 목적을 먼저 정해볼까요? 언제까지 얼마를 모으고 싶으세요?

나소심: 음...제가 올해 26살이니까., 결혼 자금을 만들고 싶어요. 30에 결혼하는 게 목표거든요. 그 다음은 구체적으로 생각해 보지 않았는데...

이초보: 주임님 같은 미인을 누가 데려갈지는 모르겠지만 굉장히 복 받으신 분 같네요.

나소심: 헤헷, 감사합니다.^^

이초보: 일반적으로, 투자라 하면 그 대상에는 다음과 같은 것들이 있습니다.

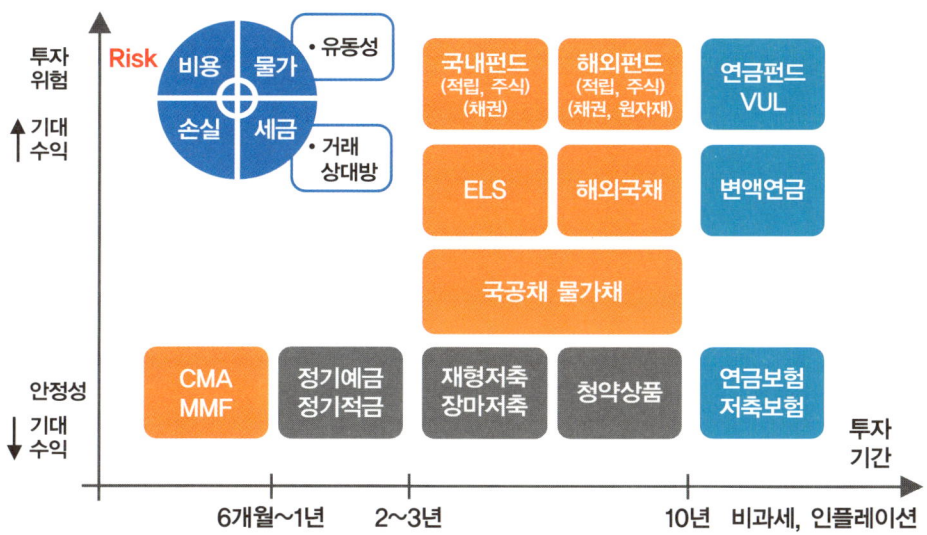

〈투자기간별 주요 금융상품〉

나소심: 엄청 많네요. 머리가 아픈데요?

이초보: 이 모든 내용을 한꺼번에 다 알고 있으셔야 하는 것은 아닙니다. 주임님은 처음이시니까, 접하기 쉽고 들어본 것들부터 시작하겠습니다.

나소심: 네.

이초보: 시간이 얼마나 더 가능하세요?

나소심: (시계를 살피고) 어머, 벌써 시간이 이렇게 되었네요. 업무 마친

다음에는 괜찮아요.

이초보: 오늘은 제가 선약이 있어서 안되구요. 내일 저녁 괜찮으시겠습니까?

나소심: (잠시 생각하다가) 네. 괜찮아요. 어디서 뵈면 될까요?

이초보: 모든 상담은 기본적으로 회사 상담실에서 진행됩니다. 아무래도 돈과 관련된 부분은 사적인 이야기이다 보니 다들 조용한 공간에서 진행하는 것을 선호하세요.

나소심: 그러면 제가 내일 저녁 7시 반까지 회사로 가겠습니다.

이초보: 숙제 하나 드릴께요. 아까 구체적으로 생각해 본 적이 없다고 하셨는데요. 본인 스스로의 밑그림을 한번 그려 보시겠어요? 언제 어떤 게 필요할 거 같다 그렇게요.

나소심: 네, 한번 해볼께요.^^

자산배분 프로세스

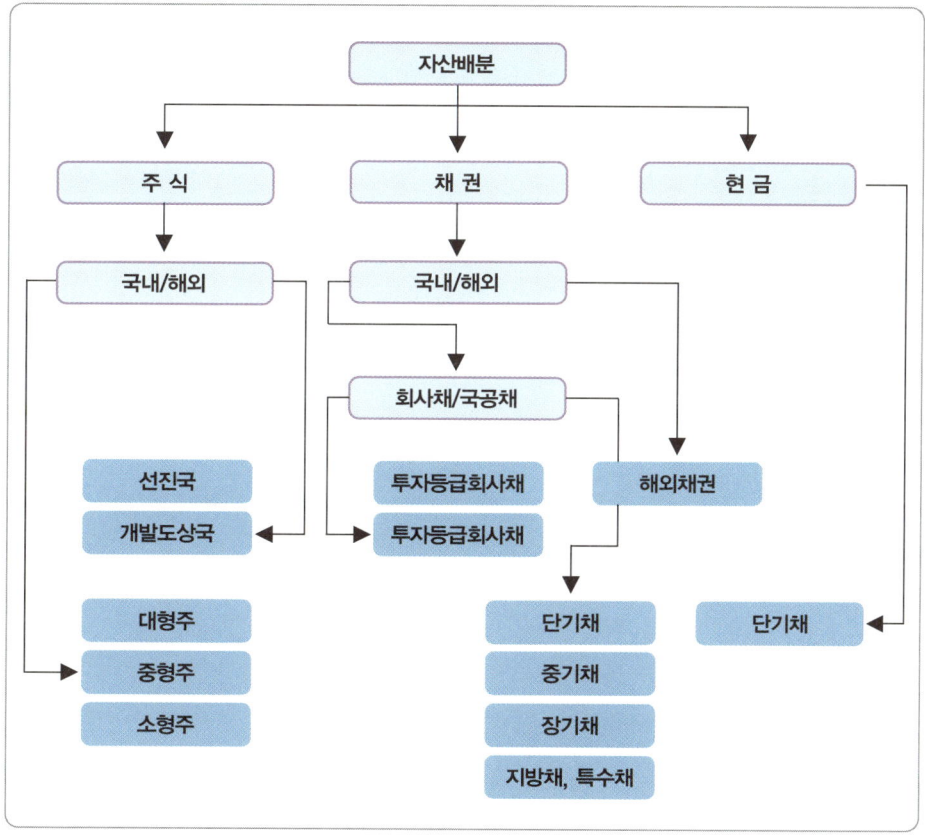

　다음 날 저녁, 나소심 주임은 정확한 시간에 맞춰 이초보가 근무하는 재무설계회사의 상담실을 방문했다.

나소심: 이초보FP님, 저 왔어요.

이초보: 정확하게 맞춰 오셨네요.

나소심: 안 늦으려고 저녁 먹자마자 부리나케 달려왔어요.

이초보: 하하, 그러시군요. 그러면 노력하신 만큼 저도 열심히 상담해 드려야겠네요.

나소심: 헤헤.

이초보: 메일로 보내드린 숙제는 해 보셨나요?

나소심: 이거 생각보다 어렵더라구요. 막상 투자를 해 보겠다는 생각을 했지만, 결혼 말고는 아무 것도 생각해 본 적이 없었는데, 말씀하시고 나니까 내 돈 모으는 건데 내가 한번도 계획을 잡아보지 않았구나…라는 생각이 먼저 들던데요?

이초보: 그래서 먼저 말씀드렸던 거에요. 투자도 돈을 모으기 위한 방법 중 한 가지이지만, 목적이 없으면 그 자체도 위험하거든요. 정작 '돈을 모은 뒤에는 어떻게 할까?'를 생각하지 않는다면, 어렵게 모은 돈을 쉽게 사용하게 됩니다.

나소심: 네, 정말 그런 것 같아요.

이초보: 주임님이 생각하신 부분을 하나 하나 살펴볼까요?

[나소심 주임의 재무목표]

> 현재 나이 26세
> 1) 4년 후(30세) 결혼자금 > 5천만원
> 2) 14년 후(40세) 결혼 10주년 여행 > 1500만원
> 3) 29년 후(55세) 은퇴 40년동안 월 250만원 사용

나소심: 아직 이 정도밖에는 생각하지 못했습니다.

이초보: 그래도 어느 정도 윤곽은 잡으셨는데요? 재무설계에 대한 이해가 높으신 듯 합니다. 일단은 가장 관심이 많으신 결혼 자금부터 이야기할께요.

나소심: 네

이초보: 어제 보여드렸던 자료(투자기간별 주요 금융상품)에서 익숙하다든지, 해보고 싶었던 부분이 있으신가요?

나소심: 음...아무래도 주변에서 들어본 거로는 주식이랑 펀드가 있는데요. 주식은 솔직히 겁나네요. 하루 하루 오르락 내리락 하는게 겁나서 전 못할 것 같아요.

이초보: 그러면 일단, 투자 성향이 어떤지 간단한 정보를 받도록 하겠습니다.

5) 나의 투자성향 알아보기

[투자성향 진단서 작성]

1) 투자성향 진단서 질문항목

　1) 연령대는 어떻게 되십니까?
　　☐ 19세 이하
　　☐ 20세 ~ 40세 이하
　　☐ 41세 ~ 50세 이하
　　☐ 51세 ~ 60세 이하
　　☐ 61세 이상

　2) 투자하고자 하는 자금의 투자 가능 기간은 얼마나 되십니까?
　　☐ 6개월 이내
　　☐ 6개월 이상 ~ 1년 이내
　　☐ 1년 이상 ~ 2년 이내
　　☐ 2년 이상 ~ 3년 이내
　　☐ 3년 이상

　3) 다음 중 회원님의 투자경험과 가장 가까운 금융투자상품은 어느 것입니까? (중복선택 가능)
　　☐ 안정형상품 : 은행 예적금, 국채, 지방세, MMF, CMA 등
　　☐ 안정추구형 상품 : 금융채, 신용도가 높은 회사채, 채권형펀드, 원금보장형 ELS 등
　　☐ 위험중립형 상품 : 신용도 중간 등급의 회사채, 원금의 일부만 보장되는 ELS, 혼합형펀드 등
　　☐ 적극투자형 상품 : 신용도가 낮은 회사채, 주식, 원금이 보장되지 않는

ELS, 시장수익률 수준의 수익을 추구하는 주식형 펀드 등
☐ 공격형 상품 : ELW, 선물옵션, 시장수익률 이상의 수익을 추구하는 주식형 펀드, 파생상품에 투자하는 펀드, 주식 신용거래 등

4) 금융상품 투자에 대한 본인의 지식수준이 어느 정도라고 생각하십니까?
☐ 매우 낮은 수준 : 투자의사결정을 스스로 내려본 경험이 없는 정도
☐ 낮은 수준 : 주식과 채권의 차이를 구별할 수 있는 정도
☐ 높은 수준 : 투자할 수 있는 대부분의 금융상품의 차이를 구별할 수 있는 정도
☐ 매우 높은 수준 : 금융상품을 포함한 모든 투자대상 상품의 차이를 이해할 수 있는 정도

5) 투자하고자 하는 자금은 회원님의 전체 금융자산 (부동산 등을 제외) 중 어느 정도의 비중을 차지합니까?
☐ 10% 이내
☐ 10% 이상 ~ 20% 이내
☐ 20% 이상 ~ 30% 이내
☐ 30% 이상 ~ 40% 이내
☐ 40% 이상

6) 다음 중 수입원을 가장 잘 나타내는 것은 어느 것입니까?
☐ 현재 일정한 수입 있으며 향후 현재 수준 유지 또는 증가 예상
☐ 현재 일정한 수입 있으나 향후 감소 또는 불안정 예상
☐ 현재 일정한 수입이 없으며, 연금이 주 수입원임

7) 투자원금에 손실이 발생할 경우 다음 중 감내할 수 있는 손실수준은 어느 수준입니까?

☐ 무슨 일이 있어도 원금은 보전되어야 한다.
☐ 10% 미만까지는 손실을 감수할 수 있을 것 같다.
☐ 20% 미만까지는 손실을 감수할 수 있을 것 같다.
☐ 기대 수익이 높다면 위험이 높아도 상관하지 않겠다.

8) 다음 중에서 고객님의 투자목표와 투자성향을 가장 잘 설명한 것은 어느 것입니까?

☐ 안정형 : 예금 또는 적금 수준의 수익률을 기대하며, 투자원금에 손실이 발생하는 것을 원하지 않음.

☐ 안정추구형 : 투자원금의 손실위험은 최소화하고, 이자소득이나 배당소득 중심의 안정적인 투자를 목표로 함.

☐ 위험중립형 : 투자수익에는 그에 상응하는 투자위험이 있음을 충분히 인식하고 있으며, 예·적금보다 상당히 높은 수익을 기대할 수 있다면 손실위험을 감수할 수 있음

☐ 적극투자형 : 투자원금의 보전보다는 투자수익을 추구함

☐ 공격투자형 : 시장평균 수익률을 훨씬 넘어서는 높은 수준의 투자수익을 추구하며, 이를 위해 자산가치의 변동에 따른 손실 위험을 적극 수용.

투자성향에 따른 가입 가능한 금융상품 분류

구 분		초고위험	고위험	중위험	저위험	무위험
채 권		투기등급포함 (BB이하)	투기등급포함 (BB이하)	회사채 (BBB+~BBB-)	특수채,금융채 회사채(A-이상)	국고채,통안채 지방채,보증채
파생결합증권	ELS, ELF		원금비보장형	원금부분보장형	원금보장형	
	ELW					
주 식		주 식 (신용거래,투자경고종목,투자위험종목,관리종목 포함)	주 식			
집합투자증권		주식형펀드 (파생상품투자펀드 포함)	주식형펀드	혼합형펀드	채권형펀드	MMF
선물옵션		선물옵션				

펀드나 변액상품을 비롯하여 투자상품을 가입하고자 할 때는 상기와 유사한 투자성향 진단서를 사전에 작성하고, 본인의 투자성향에 맞는 상품만 권유 받게 되어 있습니다. 다만 한 가지 아쉬운 부분은 이 투자성향 진단이 개별 상품에 대해서만 가능하고, 포트폴리오 전반에 대해 진단하기에는 한계가 있다는 사실입니다.

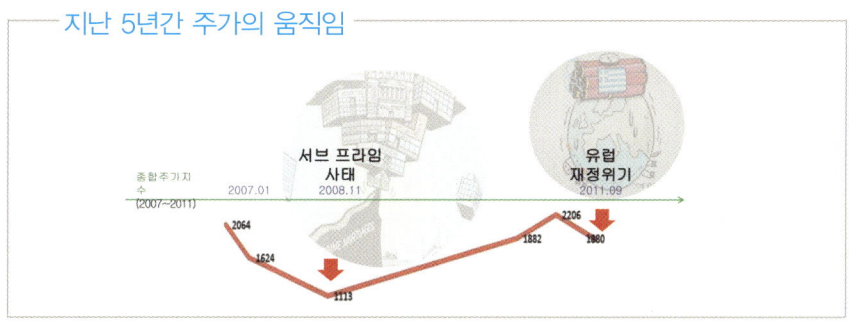

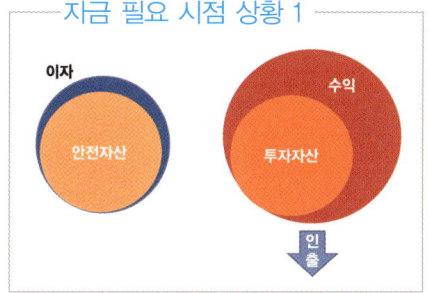 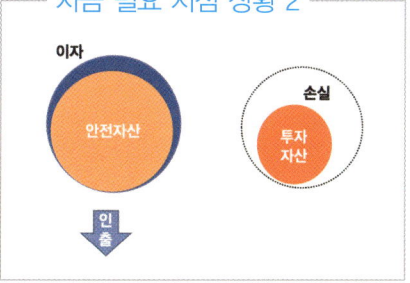

예를 들어, 굉장히 보수적인 투자자 인데 전체 자산 100 중에 10 정도를 주식형 펀드에 투자 하는 경우와 중립적인 투자자가 주식형펀드에 100을 전부 투자하려는 경우는 어떤 쪽이 더 위험할까요? 위 질문 항목은 단일 상품을 기준으로 작성하게 되어 있어서 포트폴리오 전반에 대한 적정성 여부를 판단하기에는 다소 아쉬운 부분이 있습니다. 그럼에도 불구하고, 투자에 앞서 투자자의 성향을 점검하는 절차를 의무화한 점은 과거와 달리 투자자보호차원에서 진일보한 측면입니다.

이초보: 진단서 결과를 보면 말씀하시는 것과는 성향이 좀 다른데요? 손실을 어느 정도 감수할 수 있는 '위험중립형'이라고 나오네요.

나소심: 아 그런가요? 사실 수익이 난다면, 어느 정도는 감수할 수 있을 거 같아요.

이초보: 물론, 몇 가지 문항만으로 이 사람이 어떻다는 것을 한 번에 알지는 못합니다. 하나의 참고 지표로 생각하시면 됩니다.

나소심: 네. ^^;

이초보: 그러면 금액은 어느 정도 생각하고 있으세요?

나소심: 처음이고 해서 많이는 안 하구요. 한 20~30만원씩 해보고 싶어요. 물론, 잘 되면 더 늘릴 생각입니다.

이초보: 결혼 자금으로 모으신다 했으니, 거기에 맞게끔 포트폴리오를 구성해 볼까요?

〈나소심 주임의 목표 필요자금(결혼)〉

월 100만원 정도씩 저축을 해야 5천만원을 모을 수 있네요. 20만원씩 투자를 하시겠다면, 80만원은 정기적금 등으로 모으셔야 하는데 가능하신가요?

나소심: 음...제 월급이 250만원 정도니까 그 정도는 가능할 거 같아요. 월 80만원씩 갚아가던 학자금 대출이 끝나가니, 용돈에서 20만원만 더 줄여볼께요.

이초보: 월 100만원씩 정기적금을 꾸준히 모은다고 해도 4년이면 5000만원을 모으는 것은 그리 어려운 일은 아닐 겁니다. 하지만, 투자를 통해 수익률을 높일 수 있다면 조금 더 빨리 목표에 도달할 수 있겠지요.

나소심: 네, 저는 빨리 모으고 싶어요.^^

이초보: 하하, 그렇다고 해서 위험하게 하시는 것은 추천드리지 않습니다. 참, 앞으로 '위험' 이라는 말은 '변동성' 으로 간주하세요. '위험하다. 위험성이 크다' 는 말은 '변동성이 심하다' 로 생각하셔도 무방합니다.

이초보는 나소심 고객에게 투자의 체계적 위험과 비체계적 위험에 대해 회사에서 배운대로 열심히 설명한다. 나소심 고객은 살짝 어려워하는 눈치다.

나소심: 네, 조금 어렵네요.

이초보: 이렇게 설명드려볼께요. 혹시 신문을 자주 보시는 편인가요?

나소심: 음...요즘에 좀 보려고 하는 편이에요. 아무래도 투자에 관심을 가진 후부터? 헤헷^^

이초보: 그러시면 이해가 빠르겠는데요? 투자하시려는 종목 또는 기업에 영향을 미치는 것에는 어떤 것들이 있을까요?

나소심: 요즘에 '㈜튼튼상사'란 기업을 관심있게 보고 있는데요. 우리나라 환율이 올라서 이익을 많이 봤다는 얘기가 많이 나오는 거 같았어요. 그리고, 내부적으로 개발에 힘 쏟아서 생산비를 줄였다? 그런 얘기도 본 적 있구요. 근데 노사 갈등이 있다는 소리도 들은 적 있어요. 아무래도 일을 많이 시키는 건가?

이초보: 제가 설명드리려는 부분이 다 나왔는걸요? 체계적 위험이란, 단순한 종목이 아닌 시장 전체에 영향을 미칠 수 있는 부분을 말합니다. 방금 이야기하신 환율이라든지, 금리 등이 여기에 해당됩니다. 비체계적 위험은 종목, 또는 기업이 갖고 있는 고유한 부분인데요. 인수합병, 생산비 절감, 노사갈등 등이 여기에 해당되겠지요.

나소심: 아. 이해했어요.

이초보: 저희가 투자를 이야기 할 때 5원칙을 이야기 합니다.

이초보는 이번에는 투자의 5원칙을 열심히 설명한다.

나소심: 흠. 뭔가 공부하는 거 같아서 재미있네요.

이초보: 나소심 주임님은 아무래도 투자를 처음 접하시는 분이니, 인덱스 펀드를 권해드릴께요. 보통 펀드를 하시는 분들은 시장이 좋을 때나 나쁠 때나 내가 갖고 있는 펀드가 잘 운용되는 것인지 궁금해하지만, 이 판단이 쉽지만은 않아요. 그런데 인덱스 펀드는 KOSPI200이라는 국내 주식시장의 지수만 보면, 대략적인 상황을 판단할 수가 있어서 초보자에게 잘 맞는 상품입니다. 참고로 수수료도 저렴한 편입니다.

나소심: 네, 앞으로 잘 부탁드릴께요.^^

6) 보수적 투자자가 되라

이초보는 상담을 마치고 기분이 좋아졌다. 뭔가 고객의 신뢰를 얻어가는 것 같아 으쓱해진 이초보는 김팀장에게 밥을 사기로 한다.

"팀장님 덕분에, 고객과의 상담에서 많은 도움을 받았습니다. 감사합니다."

"네, 덕분에 저도 맛있는 저녁을 얻어먹게 좋은데요, 식사를 대접받았으니 몇 가지 더 말씀드릴께요."

"네~~ 기대됩니다."

"오늘 만난 고객분은 투자에 대한 경험은 없는데, 투자를 처음 해보고 싶다고 하셨지요? 그런데 만약 본인은 투자를 굉장히 잘한다고 생각하시는데, 살펴보면 굉장히 위험한 투자방식만 고집하시는 분을 만나거나, 기대수익이 과도하게 높은 분을 만나면 어떻게 하실 거에요?"

"흠.. 설명하기가 쉽지 않겠네요."

"네, 저도 그런 분을 만나면 쉽지 않습니다. 특히 재무상담은 그다지 흥미를 보이지 않고 계속 고수익 상품의 소개만 요청하는 분은 노력은 해보겠지만, 아직 재무상담을 받기엔 어려운 분이라 판단됩니다."

"앗.. 그런가요?"

이초보는 뭔가 멋진 해답을 보여줄 거라 기대했던 김팀장의 입에서 의외의 답변이 나오자 실망을 했다.

"재무설계사마다 차이는 있겠지만, 저는 고객들에게 '보수적인 투자자'가 되라고 권유합니다."

"보수적인 투자자라구요?"

"네, 투자는 공격적인 행위이니 엄밀히 따지면 보수적인 투자자란 굉장히 모순된 말이죠. 제 생각을 말씀드리면 이렇습니다. 대부분의 사람들은 현재 주어진 소득과 자산을 가지고 현재와 미래의 많은 부분을 해결해야 하죠. 그런데 지금은 보수적으로 예적금만 활용하면 이런 부분을 해결하는 게 사실상 어려운 저금리 시대입니다. 그래서 미래를 대비한 준비에선 일정 부분을 투자를 병행하도록 권유하죠. 그렇지 않다면 지출을 훨씬 많이 줄이고 저축하는 금액을 늘려야 하는데, 어느 쪽을 선택하실지 여쭤봅니다. 그러면 대부분 투자를 병행하는 게 합리적이라는 것을 인정하게 됩니다. 투자를 할지 말지에 대해서는 하는 쪽을 권하는 편입니다."

"그렇군요."

"그런데, 투자란 것이 잘 알고 하면 적정 기대수익률이란 것을 갖게 되는데, 많은 경우 투자를 하기로 결정하고 나면 최고의 수익률을 올리는 방법만 찾곤 합니다. 이게 사람의 자연스런 심리상태죠. 그런데 아시다시피 과도한 수익률 제시엔 큰 리스크가 존재하잖아요. 그래서 본인이 감당할 수 있는 리스크만큼의 기대수익만 가져가야 된다는 부분을 강조하죠."

"아.. 그러니까 투자유무에 대해서는 투자자가 되는 것을 권하지만, 투자의 방식이나 기대수익에 대해선 좀 보수적으로 접근하길 권한다는 거네요. 나름 합리적인 것 같아요."

"네, 그렇지만 그게 항상 정답은 아니랍니다. 재무설계사마다 성향이 다르기 때문에, 좀 더 보수적인 혹은 공격적인 플랜을 제시하는 분들도 있죠. 따라서 중요한 것은 고객의 입장에서 자신의 성향에 맞는 재무설계사를 찾는 거에요."

"아. 그렇군요. 그걸 어떻게 알 수 있죠?"

"네, 이런 부분을 고민하는 재무설계사라면, 보통 자신이 생각하는 기대수익률을 투자철학과 함께 제시합니다(IPS, 투자정책명세서). 금리상품은 금리가 대부분 제시되어 있으니, 주식이나 채권에 대한 기대수익률이 중요하겠죠. 전체 자산에 대한 목표수익률은 자산별 비중을 조정하면 되는데, 개별 투자대상, 예를 들어 주식에 대해 기대하는 수익률이 많이 다르다면 함께 하기 힘들겠죠."

"저는 고객에게 투자를 하는 경우 세후 기대수익률을 물가상승률의 2~3배 되는 수준에서 정한다고 말씀드립니다. 투자기간에 따라 조금은 달라질 수 있지만요. 그런데 고객분이 주식투자를 하면서 연 평균 2-30%는 무조건 달성하고 싶다고 하면, 결국 제가 해줄 수 있는 영역이 아니기 때문에 함께 하지 못하게 되는 거죠."

이 이야기를 듣고, 이초보는 자신의 정확한 투자성향을 확인해봐야겠다는 생각이 들었다. 그리고 투자성향이란 게 간단히 설문항목으로만 결정할 수 없다는 생각이 들었다. 깊이 있는 상담을 통해 고객의 진짜 의도를 파악하는 것이 중요하겠구나 란 생각도 하게 되었다.

투자정책명세서(IPS)란?

투자정책명세서(IPS,Investment Policy Statement)란 고객의 성향에 맞게끔 투자 분야와 방법, 이익과 손실이 났을 경우의 대처 방안 등을 미리 문서화하는 일종의 지침서입니다.

내용이 무척 방대하고 어렵기 때문에 아직 우리나라에서는 걸음마 단계이지만, 한국형 IPS가 곧 만들어지지 않을까 생각됩니다.

미국 재무설계회사의 투자정책명세서 예시

04

합리적으로 위험에 대처하는 방법

01 보장과 비용이란 양날의 검, 보험
02 보험사에 약점을 잡히지 말라
03 위험관리의 쌍두마차– 충당금과 보험
04 보험에 대한 또다른 관점
05 위험설계, 재무설계의 출발점

04 합리적으로 위험에 대처하는 방법

1) 보장과 비용이란 양날의 검, 보험

월요일. 지점 미팅과 팀 미팅을 마치고 업무 준비 중이던 이초보.
일전에 투자 상담을 해 주었던 나소심 주임에게서 메세지를 받았다.

"출근은 잘 하셨는지요? 지난 상담 때 투자에 대해 쉽게 설명해주셔서 감사합니다. 이번 달 부터 들어갈 거 같아요. 근데, 혹시 제 보험 점검이 가능할까요?"

재무설계의 가장 밑바탕을 이루고 있는 '위험설계'에 대한 실제 사례와 해결 방안이 부족했던 이초보, 마침 한 달에 한 번씩 위험설계에 관심이 있는 동료들끼리 모이는 '위험설계연구회'란 스터디 모임이 오늘인지라, 거기서 의견을 구하면 괜찮겠다 싶었다.

"이초보FP. 요즘 열심이라면서요? 소문이 자자합니다."

"아 오보험FP. 그쪽은 어때요? 잘 진행되고 있어요?"

"예전 회사에서 배웠던 내용이 있어서 그런지, 그래도 이해도가 늦은 편은 아닌 거 같아요."

"아 그래요? 다행이다. 물어볼 내용 있었는데."

"뭔데요?"

"고객으로부터 보험에 대해 봐 달라는 얘기를 들었는데. 아직 제가 보험 상품을 다뤄본 적이 없어서 어떻게 해야 할 지 기준을 잘 모르겠어요."

"나이가 어떻게 되는데요?"

"26살 미혼이요."

"그러면 아직 보험료 낼 여력이 많을 테니까 많이 가입시켜도 될 꺼에요."

"네?"

"젊었을 때 많이 가입해 놓아야 새로 가입하는 거 없이 갈 수 있으니까 많이 짜는 게 좋을 거에요. 나중 생각하면 고객한테 그게 더 이익이 되니까요."

저녁식사 후 회사로 다시 들어온 이초보. 오보험 FP의 말이 틀린 것은 아닌 거 같은데 뭔가 좀 불편했다. 고객을 위한다는 내용은 틀린 것 같지 않은데... 비용이 너무 과도한 것은 아닌지 의심도 되고, 고민이 되었다.

자리에서 뒤적뒤적 하면서 보험에 대해 공부하려 할 때, 상담을 마치고 사무실로 돌아온 김팀장.

"팀장님! 질문있습니다."

"잠시만요. 나 방금 들어왔는데, 숨 좀 돌리고.."

"……"

"궁금한 게 많나 보군요. 오자마자 물어보는 것을 보면."

"네 ㅎㅎ, 보험에 대해 어떻게 분석하는 게 좋은지 잘 모르겠습니다."

"보험이라, 위험관리는 매우 중요한 부분이죠. 어떤 부분이 궁금한가요?"

'네. 일전에 투자상담을 진행한 고객에게서 자신이 갖고 있는 보험을 점검해 달라는 요청이 있었는데요. 사실 교육을 통해서 보장내용이 어떤 지 확인하는 방법은 알겠는데, 적정한 보험료를 내고 있는지, 보장은 이 정도면 과한 건지 아니면 부족한 건지, 돈 내는 기간이 너무 긴 것은 아닌지 그 기준을 세우는 것이 너무 어렵네요. 조금 전에 동기인 오보험 FP를 만났는데, 최대한 많은 보장을 받을 수 있게 하는 게 좋다고 얘기하더라구요. 나중에 자꾸 비싸지니까요. 그런데 그 말을 듣고 나서부터 괜히 불편한 맘이 듭니다."

"왜 불편한 맘이 들었을까요?"

"예전에 제가 재무설계 일을 하기 전, 보험설계사가 몇 번 찾아 온 적이 있었거든요. 보험상품을 제안해 주면서 좋은 거니까 가입하라고 하던데 뭐랄까… 보장이 많으면 좋다는 것은 알겠는데, 보험료 부분이 제가 생각했던 금액보다 훨씬 더 많더라구요. 좋다고 해서 가입해야 하나 망설였던 적도 있었고, 적정 수준? 그런 것을 잘 모르겠습니다."

"초보씨가 항상 고객의 입장이었을 때를 생각하면서 일을 한다면, 본인도 만족스런 재무설계를 할 수 있을 거란 생각이 드네요. 보험상품을 잘 가입하고 있는지를 살펴보는 것을 보장분석이라고 하고, 보험 포트폴리오를 합리적으로 재조정하는 것을 보험 리모델링이라고 해요."

"그리고 보험 리모델링은 ①보험료를 줄여서 현금흐름을 개선하기 위한 리모델링과 ②부족한 보장을 보완해주기 위한 리모델링으로 구분할 수 있죠. 이왕 이야기가 나온 김에 보험에 대해 정리를 해볼까요?"

"우리가 일반적으로 이야기하는 보험은 보장성 보험입니다. 일단, 고객들이 가장 먼저 생각하는 부분은 어떤 게 있을까요? 초보씨가 고객이었을 때 가장 먼저 어떤 것을 봤나요?"

"일단, 내는 금액하고 얼마나 받는지? 그것부터 보았습니다."

"그 다음에는?"

"얼마동안 납입해야 하는지를 살폈지요."

"대다수의 고객들은 초보씨가 이야기한 부분에서 크게 벗어나지 않을 겁니다. 조금 더 추가된다면 내가 보장받는 항목이 어떤 것인지를 따지는 고객들도 있구요."

"아, 그런 생각을 한 번 해본 적이 있었습니다."

"그러면 초보씨는 왜 보험을 가입했지요?"

"미래를 위한 대비? 혹시 모를 질병 대비용?"

"그렇지요? 위험설계의 진정한 의미는 재정적 측면에서 생활의 변동성을 줄이는 것입니다. 그 역할을 하는 상품이 보험이구요. 사람에 해당한다면 종신보험이나 건강보험 쪽이 될 것이구요. 기업이나 회사에 적용한다면 화재보험이나 배상책임보험 등에 해당될 것입니다."

"아, 그렇겠네요. 사람에만 보험이 있다고 생각했는데, 그러고 보니 배상책임보험도 있군요."

"넓게는 해상보험, 선박보험 등도 있지만, 우리가 하는 재무설계는 사람에 대해 다루니 범위를 축소시키도록 하겠습니다."

"네."

"아까 얘기로 돌아갈께요. 보험 이야기를 하면서 불편한 기분이 들었다고 했지요. 그러면 보험은 나쁜 건가요?"

"그건 아니지만. 저한테 맞지 않다고 생각했던 부분에서 불편했습니다."

"네. 상품은 중립적입니다. 세상에 나쁜 상품은 거의 없습니다. 어울리지 않는 옷을 입었을 때 처럼, 내는 돈이든 받는 돈이든 본인이 생각했던 것과 달라 짐이 된다면 그게 나쁜 상품인 것이지요. 아쉽지만, 우리 나라의 경우 제대로 알지 못한 형태로 보험을 가입한 경우가 많았고, 보험설계사들이 고객과의 친밀함 등을 이용하여 가입을 유도했었기 때문에 보험에 대해 안 좋은 인식이 퍼져 있는 것이 사실입니다. 우리가 재무설계를 하면서는 고객에게 정확하게 알릴 것은 알리고, 장점과 단점을 분명하게 이야기하여 가입을 할 수 있도록 하는게 좋겠지요. 고객의 입장에서도 제안받은 보험

상품이 내가 원하는 바와 같은가, 그리고 제안을 하는 보험설계사가 정확한 절차를 지켜서 진행하는가 등을 따져봐야겠지요."

2) 보험사에 약점을 잡히지 마라

이초보의 질문이 이어진다.

"제 동료는 지병이 있어서 보험 가입이 어려운데, 한 유능한 보험설계사분이 가입을 시켜주는 것을 봤습니다. 이런 경우는 어떻게 봐야 하나요?"

"아.. 그건 조심해야 합니다. 정말 유능한 설계사분이라서 여러 보험회사를 샅샅이 뒤져서 가입이 가능한 회사를 찾아준 걸 수도 있지만.. 고지를 생략하고 한 경우일 수도 있습니다. 보통 설계사는 '고지수령권'이 없다고 하는데요, 쉽게 말해 고객이 본인이 이전에 병을 앓았던 사실을 설계사에게 이야기했는데, 보험을 가입할 때 작성하는 청약서류에 그 내용을 누락하면, 보험사는 그 사실을 확인할 길이 없어 그냥 가입을 시키게 되겠죠. 이 때 나중에 보험사가 그 사실을 알게 되면, 보험금 지급도 안 될뿐더러 계약도 해지되어 손해를 보게 됩니다. 이때 설계사에게는 말했다고 항변을 해도 전혀 소용이 없습니다. 계약은 청약서와 보험증권을 통해 고객과 보험회사간에 서면으로 이뤄지는 거니까요."

"아.. 고객한테 큰 피해가 가는군요."

"해당 설계사도 징계를 받고 손해를 보겠죠. 사실 보험이란 상품이 설계사가 팔고 싶어하고, 고객분이 가입하고 싶어한다고 무조건 가입가능한 게 아니에요. 건강한 분들이 미래를 위해 대비하는 일종의 권리인 셈이죠. 그래서 미리 건강할 때 준비를 해야 하는데, 보통 문제가 생기고 나서야 아쉬워서 찾는게 보험이다 보니.. 설계사가 그런 부분을 정확히 안내해주고 미리 준비를 시켜주는 역할을 하는 셈이죠."

보장성 보험 가입 시 주의사항

보험회사는 영리회사입니다. 고객에게 보험료를 징수하여, 매월 보험금을 지급하고 남는 돈의 일부를 미래의 보험금 지급을 위해 운용하고, 일부는 비용으로 사용합니다. 그 비용에는 본사 직원의 급여나 설계사 수당 등이 다 포함됩니다.

이 때 보험사에게 중요한 것은 나이, 성별, 직업 군에 따른 보험금 지급 확률을 계산하는 것입니다. 또한 기존에 병력이 있을 때 그 내용에 따라 합병증 가능성이나 재발, 전이의 가능성에 대해 민감합니다.

이때 개인의 현재 건강상태를 일일이 전부 확인하는 것은 불가능하기 때문에, 보험사마다 자체적으로 보유하고 있는 과거의 통계 데이터에 근거해서 판단을 하게 됩니다. 그러다보니, 한 개인이 어떤 진단을 받았지만 그 내용이 매우 경미하거나 완치되어 정상적인 생활이 가능함에도, 보험사에서 가입을 거절하는 경우가 생깁니다. 이 부분은 보험사 자체의 리스크 관리 방법이기도 하며, 이 과정을 '언더라이팅' 이라고 합니다. 이 언더라이팅이 부실하게 행해지면, 역선택에 의해 보험금 지급이 늘어남에 따라 건강한 분들이 내는 보험료의 인

상요인이 되고 맙니다.

보험사기의 경우도 마찬가지입니다. 통상 보험사기라 하면, 보험설계사가 아니라 가입자가 여러가지 속임수를 써서 보험금을 과다청구하거나, 심한 경우는 의도적인 사고를 내서 보험금을 청구하는 경우를 말합니다. 이 역시 일반 고객들에게 피해가 가는 부분입니다.

보험사는 이런 부분을 정확하게 파악하여 보험금 지급유무를 결정하게 되는데, 그러다보니 보험금 청구가 일정 금액 이상으로 들어오게 되면, 두 가지를 확인하게 됩니다.

병원에서 치료받은 내역을 증명하는 정확한 서류(진단서나 진료비내역서 등)와 가입 당시 거짓으로 고지를 생략하고 가입한 것은 없는지 하는 부분입니다.

따라서 보험을 가입하려고 할 때는 일단 본인이 건강해야 하고, 가입 과정에서 정확한 절차를 지켜야 보험사로부터 불필요한 오해를 사지 않게 됩니다.

재무설계사는 만약 보험회사가 정당하지 않은 이유로 보험금 지급을 거절한다면 고객을 위해 중간에서 많은 노력이 필요합니다. 즉 재무설계사가 싸워야 할 대상은 보험회사이고 재무설계사가 도와야 할 대상은 고객이 되는 거죠.

이를 위한 전제조건이 있습니다. 애초부터 고객이 원하는 보장내역이 정확히 담긴 보험설계를 해야 하고, 고객이 아무리 귀찮아 하더라도 보험 가입 과정에서 정확한 절차를 지키는 것입니다.

이 때 절차상으로 반드시 지켜야 하는 내용은 '자필서명'과 '병력고지' 입니다.

3) 위험관리의 쌍두마차- 충당금과 보험

"재미있는 이야기 먼저 하나 할까요? 보험을 꼭 가입해야 하나요?"

"네?"

"보험료 내는 만큼 저축을 하면 어떨까요?"

"…"

"저희 부모님 사례를 말씀드릴께요."

김팀장이 자신이 하고 있는 방법을 설명해준다고 하자, 이초보는 '베테랑 재무설계사의 보험 포트폴리오는 어떻게 되어 있을까?' 정말 궁금해지기 시작했다.

"우선 가족 중에 보장이 제일 먼저 되어 있어야 하는 것은 누구일까요? 아마 가장이겠죠. 그런데 많은 분들이 놓치고 있는 것 중에 하나가 바로 부모님에 대한 보장 여부입니다. 만약 지금 건강하시다고 해도, 집안에서 가장 연령이 높으시기 때문에 그 대비가 충분히 되어 있어야 하죠."

"맞아요. 실제로 신입사원들이 부모님 보험에 대해 물어보는 경우도 꽤

되요."

"그런데, 저희 부모님 중 한 분은 고혈압이 있으셔서 보험 가입이 쉽지 않습니다. 보통 연령이 어느 정도 되시면, 여러 가지 지병으로 보험 가입이 거절되는 경우가 많아요. 특히 고혈압이나 당뇨 등이 대표적이죠. 다행히도 관리를 잘 하셔서 현재는 건강하세요. 하지만 나중에라도 몸이 아프시면 제대로 된 치료를 받게 해드리기 위해 저는 형제들과 힘을 합쳐 별도로 돈을 모으고 있답니다."

"치료비 마련을 위해 돈을 따로 모은다고요?"

"넵, 건강관리비란 이름으로 돈을 모으고 있어요. 보통 위험을 대비하는 방법은 보험만 있는 건 아니에요. 충당금을 쌓는 것도 좋은 방법이죠."

"아, 기업에서 하듯이 말이군요. 만약 병원 갈 일이 없으면 그 돈을 다른 용도로 사용해도 될 테니 훨씬 유리하겠네요."

"그럴까요? 보통 보험 대신 저축을 통해 위험을 대비하겠다고 하는 고객들의 경우, 실제로 독립된 계좌에 치료비 목적으로 목돈을 모아가는 지 물어보면, 거의 그렇게 하지 않아요. 더군다나 충당금을 적립하는 방식은 한 가지 중대한 약점이 있죠."

"약점?"

"돈이 다 모이지 않았을 때, 즉 위험에 대비할 준비가 미처 되지 않았을 때 문제가 생기면 답이 없다는 거죠. 그렇게 되면 교육비나 주택마련 등 다른 중요한 목적을 위해 모아둔 돈을 그대로 써야만 하겠죠. 저축 방식에 따라 중도에 해지를 하게 되어 손해를 보는 경우도 생길 거구요. 준비된 돈이 없다면 대출이 필요할 거구요. 사실 보장을 받기 위한 보험료는 만에 하나 위험이 발생하여 목돈이 나가는 것과 비교하면 굉장히 저렴한 경우가 많아요. 따라서 보험가입이 어렵거나, 보험이란 제도를 통해 보장받기 어려운 위험을 대비하는 목적에서만 충당금을 쌓는 거죠."

"팀장님, 보험을 가입하면 심리적으로 든든한 것도 있지 않을까요?"

"그것도 큰 부분이죠. 다만.. 보험 상품은 모든 금융상품 중 가장 복잡하고 어렵기 때문에 고객들이 자신의 보험에 대해 갖고 있는 생각과 실제가 다른 경우가 많아요. 따라서 그 부분을 먼저 명확히 안내해주는 것이 중요해요. 그것이 바로 보장분석이죠. 그리고 고객분에게 보험증권을 보내달라고 요청하세요."

"보험증권요?"

"넵, 특히 보장성 보험의 경우, 같은 연령대와 성별의 사람이 같은 회사에서 같은 시기에 같은 상품을 같은 금액으로 가입했다고 해도, 그 보장내용이 설계에 따라 다를 수가 있어요. 그리고 대부분의 고객들은 자신이 가입한 내용을 가입 당시엔 알았다 하더라도 정확히 기억하질 못하죠. 그 내용을 가장 정확하게 확인할 수 있는 게 보험증권이랍니다."

"보험증권과 약관을 헷갈리시는 분들도 있더라구요."

"보험약관은 가입한 상품이 일반적으로 제공해주는 보장목록을 포함한 계약내용이 담긴 책자나 CD이구요, 보험증권은 개인이 실제로 그 약관에 담긴 내용 중 어떤 특약과 보장을 가입했는지가 나와 있는 자료에요. 따라서 보장분석에 가장 필요한 자료는 보험증권이 되는 거죠."

보험의 기본구조

1. 종류

ㄱ. 보장성 보험과 저축성 보험

보험은 일반적으로 보장성 보험과 저축성 보험으로 나눌 수 있습니다. 이 구분은 가입하는 목적에 따라 나뉘게 되는데요. 쉽게 말씀드리면, 가입목적이 '혹시~'라면 보장성, '낸 돈보다 더'라면 저축성입니다. 아래 보험상품의 네이밍 룰에서 보듯이, 상품명에서 '보험' 바로 앞에 나와 있는 단어가 그 보험의 정체성을 이야기해줍니다. 예를 들어 변액유니버셜보험은 저축성 보험이지만, 변액유니버셜 '종신' 보험은 보장성 보험 중 종신보험에 해당이 됩니다.

생명보험 상품의 네이밍 룰

배당유무	회사명	브랜드명	기능	A	보험
유배당 무배당	가나생명 다라생명		변액 유니버셜	종신 연금	

- 무배당 MetLife My Fund 변액 유니버셜 종신 보험
- 무배당 대한생명 골드리치 연금 보험
- 무배당 삼성생명 리빙케어 종신 보험
- 무배당 동양생명 수호천사 어린이 건강 보험
- 무배당 동부생명 어린이 변액 교육 보험

ㄴ. 보장성 보험 : 실손 VS 정액

실손보험은 실비보험이라고도 하며, 병원비 등을 기준으로 실제 부담한 금액의 일정 비율(100%, 90%, 80%)을 보장해주는 상품으로 통원치료와 입원치료에 따라 보장한도와 자기부담금이 조금씩 차이가 있습니다. 보상해주는 비율은 실손제도의 변화에 따라 가입시점마다 조금씩 달라져왔습니다. 실손보험은 기본적으로 사후에, 비용을 검토한 후, 실제 발생한 비용에 맞춰서 보장해주는 방식으로 중복보장이 불가능합니다.

정액보험은 약관을 기준으로 보험금 지급사유에 해당되면, 사전에 약정한 금액을 지급해주는 방식이며 중복보장이 가능합니다.

대부분 실손특약+정액특약이 결합된 형태로 구성되며, 실손특약과 정액특약 혹은 정액특약끼리는 중복보장이 가능하며, 실손특약끼리만 중복보장이 안됩니다.

ㄷ. 저축성 보험 : 저축보험 VS 변액보험

저축성보험은 금리형 상품인 저축보험(연금보험)과 투자형 상품인 변액보험(변액연금 및 변액유니버셜보험)으로 구분됩니다. 현재와 같은 저금리 구조에서는 저축보험은 사업비를 감안하면 장기간 유지되더라도 효율성이 많이 떨어집니다. 더구나 대부분 변동금리 상품으로 중도에 금리인하가 이뤄질 때 대응할 수 있는 수단이 마땅치 않습니다.

변액보험의 경우, 다양한 펀드변경 기능과 저렴한 보수 및 추가납입 기능 등을 감안하면 장기상품으로 유리한 측면이 있습니다. 다만 투자의 변동성을 고려하여 전문가가 함께 펀드관리를 수행해줄때 더욱 효과가 있습니다. 만약 만기시점에 원금보장을 받고 싶으면 원금보장 상품인 변액연금을, 채권과 주식에 대한 비중을 아무 제약없이 자유롭게 활용하고 싶으면 변액유니버셜보험이 유

리합니다.

다만, 저축보험이나 변액보험 모두 초기 7~10년간 10%초반대의 사업비가 부담이 됩니다. 장기간 유지시 적립식 펀드 등과 비교하면 오히려 수수료는 저렴해지는 측면이 있지만, 여전히 고가의 비용인 것은 사실입니다. 따라서 총 납입금액의 2배 수준인 추가납입 기능을 적절히 활용할 필요가 있습니다. 추가납입의 경우, 보험사에 따라 수수료가 1% 혹은 무료인 곳도 있기 때문에 총 사업비 수준을 현저히 낮추는 효과가 있고, 상황에 따라 추가납입은 납입을 중지해도 아무런 불이익이 없습니다. 결론적으로 저축성 보험은 아는 만큼, 관리 받는 만큼 좋은 결과를 낳을 수 있고, 방치되면 안되는 상품입니다.

2. 기간

ㄱ. 보장기간 : 만기환급형 구조

보험은 (OO 납 XX 만기) 라고 씁니다. 여기서 'OO 납' 부분은 돈을 내는 기간을 말하며, 'XX 만기' 부분이 보장기간을 의미합니다. 따라서, '언제까지 보장을 받을 수 있는가?' 에 대한 부분은 'XX 만기' 가 될 것입니다.

> 20년납 80세 만기 -> 20년간 보험료 납입, 보장은 80세까지
> 10년납 10년 만기 -> 10년간 보험료 납입, 보장도 10년 후 끝남

보장성 보험 중에 만기환급형 상품을 고집하는 분들이 있는데, 과연 소비자에게 유리한 지 잘 생각해볼 필요가 있습니다.

손해보험 상품들은 보험료 구조가 크게 보장성보험료+적립보험료의 구조로 되어 있고, 각 상품마다 최소한의 적립보험료 수준이 정해져 있습니다. 만기환급형 상품은 보장과 전혀 무관한 적립보험료를 최대로 늘려서 총 보험료를 늘리는 구조입니다. 그렇게 늘어난 적립보험료를 만기까지 금리에 맞춰 굴려서 납입한 총 보험료를 돌려주게 됩니다.

이 지점에서 많은 분들이 '만기' 를 납입만기로 착각하곤 합니다. 실제 만기환급형 상품에서 원금을 돌려주는 만기시점은 '보장기간이 끝나는 때' 입니다. 과

거처럼 보장기간이 10년 정도인 상품에선 의미가 있지만, 현재처럼 80~100세까지 보장되는 상품구조에서는 물가상승률 등을 감안할 때 큰 의미가 없습니다. 차라리 순수보장형으로 저렴한 보험료를 적용받고 대신 차액만큼 은행의 적금에 드는 것이 훨씬 유리하고, 유동성 측면에서도 좋습니다.

ㄴ. 납입기간 : 갱신형 구조

보험료가 일정 기간마다 다시 책정되어 올라가는 구조를 갱신형 구조라고 합니다. 보통 실손관련 특약이 대표적인데, 과거엔 5년 단위 갱신에서 최근까진 3년 단위 갱신으로 변경되어 판매가 되다가 2013년 4월 이후로 1년 갱신 상품으로 변경되었습니다.

갱신형 구조의 상품은 초기 가입시에는 저렴한 듯 보이지만, 지속적으로 보험료가 오르고 납입기간도 20년납 100세 보장 같이 일정기간만 내면 끝나는 방식이 아니라, 보장받는 나이까지는 무조건 납입을 해야 한다는 점에서 사실 소비자에게 유리한 방식은 아닙니다.

최근 몇년간 기존의 실손보험 이외에도 생보사의 정액형 특약들마저 갱신형으로 변경되어 가는 게 보험업계의 추세입니다. 장기적인 위험률 상승을 예측하기가 어려워지자 보험사들의 그 리스크를 고객에게 전가하고 있기 때문입니다.

3. 비용

ㄱ. 특약별 보험료 : 비싼 특약은 이유가 있다.

자신이 갖고 있는 보험을 유심히 살펴 보신 분들이라면, 어떤 특약은 굉장히 비싸다는 생각을 하셨을 겁니다. 암 진단자금, 1일 이상 입원시 받는 입원 일당이 대표적인 특약들인데요. 보험료는 보장의 크기 X 위험률 에 따라 설정됩니다. 따라서 일어날 확률이 높을수록 보험료는 올라 간다고 생각하시면 됩니다.

ㄴ. 사업비 구조가 궁금하다.

일반적으로, 부가보험료는 사업비라고 불리며, 상품의 특성상 초기에는 사업비가 많이 나갑니다. 보험 가입 후, 해지 시 돌려주는 금액이 적다면 사업비로 인하여 적립된 금액이 적기 때문입니다. 한편 위험보험료란, 실제로 사고가 일어났을 경우에 사용되는 금액입니다. 이는 위험률에 따라 증가합니다. 갱신형 상품은 위험보험료가 작게 책정되어 초기에는 비용이 저렴하나 시간이 가면 갈수록 보험료가 높아지는 이유는 위험률이 증가하기 때문이며, 이는 연령의 증가와 정(+)의 상관관계가 있습니다. 가입 시에만 저렴하다고 생각한다면 추후 보험료 부담이 높아질 수 있으므로 주의해야 합니다.

4) 보험에 대한 또다른 관점

김팀장의 얘기를 듣고, 보험에 관한 기준이 어느 정도 확립된 이초보. 그러나 여전히 보험상품은 너무 어렵고, 어떤 기준으로 나소심에게 얘기해줘야 하는지 아직은 막막했다. 계속 고민을 하던 나초보는 회사 내에서 보험상품을 전문으로 연구하는 상품전략센터장에게 직접 자문을 구하기로 했다.

"센터장님, 이번에 새로 입사한 이초보FP입니다. 혹시 잠시 시간 되시는지요?"

"오, 무슨 일이신가요?"

"고객에게 자신의 보험을 분석해 달라는 의뢰를 받았습니다. 아직 제가 경력이 얼마 되지 않아서 기준을 명확히 잡지 못했거든요. 그래서 도움을 좀 청하고자 센터장님을 찾았습니다."

"그래요? 그러면 내가 보험을 생각하는 방향 등에 대해서 먼저 이야기할께요. 앞으로 위험설계를 다루는 것에 많은 도움이 될 겁니다."

"경청하겠습니다.^^"

"난 보험을 생명이라고 생각합니다."

"네?"

"어감이 어떤가요?"

"글쎄요…솔직하게 말씀드리면 와 닿지 않습니다. 오히려 거부감이 드는 편인데요?"

"맞아요. 일반적으로 이렇게 이야기하면 받아들이는 사람이 100명 중 1명도 되지 않을 겁니다. 하지만, 역설적으로 1명은 이 말을 맹신하기까지 하지요."

"무슨 뜻인지 잘 모르겠습니다."

"그러면 이초보FP께 묻겠습니다. 왜 거부감이 들었지요?"

"생명이라면, 꼭 갖고 있어야 하는 것이구요. 그러면 무조건 가입해야 하는 거 아닐까 싶어서요. 제가 갖고 있는 보험도 벅찬데 더 가입하라고 하면 어쩌지? 란 생각이 먼저 들었습니다."

"보험에 대해 안 좋은 인식이 퍼져 있는 것이 사실입니다. 또한 그렇게 될 수 밖에 없었던 것이 우리 나라 현실이구요. 본인의 경우를 예로 들어봅시다. 보통 보험을 접하게 되는 시기가 아무리 늦어도 20대 중 후반인 경우가 대다수인데, 이초보FP는 보험을 누구에게서 언제 처음 가입했나요?"

"아는 선배에게 대학원 때 들었습니다."

"그나마 인척관계는 아니네요 그 때 가입한 보험을 아직 갖고 있나요?"

"아니요."

"사람이 어떤 계획을 세우는 데 있어서는 긍정적인 부분만을 생각하기 마련입니다. 하지만 삶이라는 게 어디 좋은 일만 일어나나요. 사고가 나든, 질병이 생기든 일상적인 생활을 하지 못하는 경우가 그리 적지 않은 빈도로 일어납니다. 이러한 재정적인 취약점을 미리 일정 비용을 지불하여 보완하도록 하는 장치가 보험의 본질적인 의미입니다."

"혹시 너구리 이야기 아는지요? 너구리는 보통 굴을 파고 산다고 알려져 있는데요. 절대로 입구를 하나만 만들지 않는다고 합니다. 혹시라도 주로 사용하는 입구가 폐쇄될 지 모르기 때문에 평상시에는 잘 사용하지 않지만, 꼭 비상구를 만들어 놓는다고 합니다. 보험은 그런 의미로 가져가야 하는 것입니다. 그렇기에, 절대로 튼튼하게 만들어 져야 합니다."

"특히나, 보험은 무형이고, 이는 사람의 시간을 담보로 해서 구입하는 상품입니다. 아는 사람이라고 소비자의 시간과 인생을 보상해 줄 수는 없습니다. 그래서 처음부터 제대로 알고 가입해야 하는 것이 보험입니다. 그렇기에 난, 보험을 생명과 같이 중요한 것이라고 생각합니다."

5) 위험설계, 재무설계의 출발점

"그런데 센터장님. 왜 재무설계란 이야기가 상품을 파는 것으로 잘못 인식되고 있는 것인지 궁금합니다. 주위에서 제가 재무설계를 시작한다고 하니 '난 이미 가입한 것이 많아' 라는 얘기를 들었던 적이 있습니다."

"위험설계 파트가 재무설계에서 기본이기 때문입니다. 방금 이야기했지만, 재정적인 변동성들 줄여주는 것이 보험인지라 가장 먼저 이야기하고, 노출된 위험에 맞게 적절하게 가입하고 있는 사람이 많지 않기 때문에 가장 먼저 이야기할 수밖에 없지요. 그럼에도, 금융권, 특히 보험업에서 재무설계란 용어를 많이 사용하면서 상품을 가입시키는 하나의 수단으로만 생각하는 것은 아쉬운 부분입니다."

"보험은 장기상품입니다. 가입하는 것도 중요하지만, 유지하는 것이 중요합니다. 내가 부담되면 남도 부담되는 게 당연합니다. 본인이 소비자라면 어떠한 판단을 하는 게 유리한지, 한번 더 생각해 보고 고객에게 이야기한다면 좋은 상담을 할 수 있을 겁니다."

이초보는 '내가 고객이라면 어떤 선택을 할까?'란 이야기가 참 마음에 들었다. 나소심 주임에게 본인의 의도를 제대로 전달할 수 있을 듯한 자신감이 생겼다.

보험에 대한 잘못된 상식

Q. 비과세 혜택을 주는 보험상품이 별도로 존재하나요?

10년 이상 유지된 저축성 보험 상품은 모두 비과세가 됩니다. 다만 2013년 이후 가입된 저축성 보험의 경우, 일부 제한이 생겼습니다. 소득세법 및 시행령에 관한 구체적인 내용은 '부록3'을 참고하세요. 다만 특정회사의 특정상품에만 비과세 혜택을 주거나 하는 것은 아닙니다. 보험이란 제도의 측면에서 바라봐야 합니다.

[**부록 3**] 보험상품 비과세 관련 소득세법 조항 및 시행령.

Q. 저축성보험이 복리효과 때문에 경쟁력이 있다던데?

저축성 보험 중 복리를 강조하면서 가입을 유도하는 상품들이 왕왕 눈에 띕니다. 특히 바로 앞에서 설명했던 비과세와 더불어 복리를 이야기하는 경우가 많은데요. 앞에서 설명했다시피, 고객들이 납부한 보험료는 일정 비용(사업비)을 공제한 후 나머지 금액이 저축에 이용됩니다. 사업비 규모는 회사마다 차이가 있지만 대략 13~15%정도이고, 일정 기간 동안 그 비용을 차감한 후에는 비용이 줄어드는 구조로 되어 있습니다.

10년동안 연 복리 상품이었다 하더라도 사업비 부분을 감안한다면, 대략 1년에 2.58%, 3.32%의 수익률입니다. (한국은행 기준금리 2013년 4월 기준 2.75%) 저축성 보험에 꾸준하게 납입했다 해도, 이 정도면 일반 은행 금리와 크게 차이가 날 것 같지는 않습니다.

또한, 복리 효과를 판단할 때는 저축 기간과 함께 복리구간이 매우 중요합니다. 복리구간이란 이자가 원금에 산입되는 주기를 의미합니다. 앞 계산에서는 연 복리를 사용했는데요, 다른 조건이 동일하다면 아무래도 월 복리가 더 유리합니다. 그런데, 시중에 나와 있는 월 복리 상품은 최대 저축가능 기간이 그리 길지 않습니다.

결국 복리의 효과를 최대한 누리기 위해서는 다음의 3가지가 필요합니다.

1) 확정 고금리
2) 저렴한 사업비
3) 짧은 복리구간과 긴 저축기간

그런데, 현재 판매되는 은행의 월복리 저축이나 보험사의 저축보험은 복리효과를 충분히 누릴만한 구조라 할 수 있을지 의문이 갑니다.

Q. 저축보험 대신 변액보험으로 갈아타는 것은 어떤가요?

향후 금리하락의 리스크 등을 감안하면 저축보험의 경쟁력이 떨어지는 것이 사실입니다. 특히 은퇴 후 연금수령 등의 목적으로 저축보험을 가입했다면, 인플레이션 위험에 그대로 노출되기 때문에 조정이 필요할 수 있습니다. 다만, 유지기간 및 상품내용에 따라 전문가의 정확한 판단이 요구되는 부분이고, 조정 시 보험상품의 특성상 해지환급금으로 수령하게 되어 손실이 발생할 수 있으니 신중해야 합니다.

또한 저축보험과 변액보험 모두 사업비 부분이 큰 이슈가 되고 있습니다. 사업비를 감안하면, 저축보험이나 변액보험 모두 경쟁력이 떨어지는 것은 아닌지 하는 부분입니다. 그런데 이 과정에서 실종된 것은 애초 변액보험이 장기상품으로 활용하기 적합한 어떤 기능들을 갖고 있는지에 대한 논의입니다. 그럼 변액보험이 가진 장점에는 어떤 것들이 있을까요?

1) 엄브렐러 펀드의 구조+무료 혹은 저비용의 펀드변경기능
2) 일정 조건을 부합할 경우 비과세 혜택
3) 일반 펀드에 비해 저렴한 보수 체계
4) 납입 중 피보험자가 사망 시 적립금과 사망보험금 수령
5) 변액연금 같은 일부 변액상품의 경우 원금보장 기능
6) 가입시점 경험생명표를 부과하는 종신형 연금기능
7) 제한적으로 납입중지 및 중도인출기능 활용가능
8) 원금의 2배 수준까지 추가납입 활용가능

이와 같은 기능들은 장기간 투자상품을 가져가면서 발생할 수 있는 여러가지 변수들을 효과적으로 통제하는 데 큰 도움이 됩니다. 특히 3번 항목의 '보수'는 투입된 원금 총액에 수익률을 반영한 총 잔액에 부과하는 비용으로, 시간이 흐를수록 또한 수익률이 높을수록 비용이 커지는 구조이기 때문에, 장기투자형 상품은 선취 수수료 유무보다 저렴한 보수가 더 중요한 비용요소가 된다는 것을 감안하면 매우 유리합니다. 4번 항목은 특히 자녀교육자금 등을 준비하는 플랜에서 활용할 여지가 크며, 상품에 따라선 부모 사망시 보험료를 보험사가 대신 납입해주는 납입면제 특약을 부가할 수도 있습니다.

결론적으로 위와 같은 기능을 잘 활용하여 장기상품의 효과를 극대화하고 싶은 분들은 사업비를 부담하며 변액상품을 활용하게 됩니다. 그런데 위 기능들을 제대로 활용하지 못하거나 비용에 민감한 금융소비자의 경우는 다른 방법을

활용하는 것이 오히려 유리할 수도 있습니다.

Q. 연금저축 이전제도에 대해서 궁금합니다.

〈소득에 따라 다른 연금저축 가입효과〉

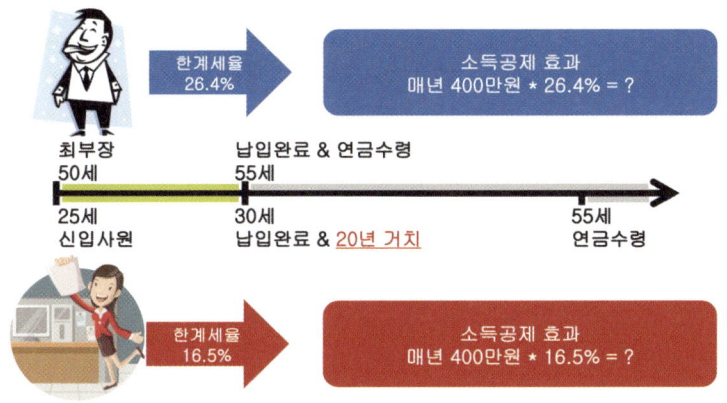

재무상담을 하다보면 대부분 소득공제형 연금을 준비하고 있습니다. 사실 은퇴준비의 목적으로 준비한 측면보다는 '소득공제'를 받기 위한 경우가 많습니다. 그런데 연금수령 시점의 과세 구조를 감안하면, 소득공제 금액이 작은 구간에 위치한 분들은 소득공제형 연금보단 비과세 종신형 연금을 우선 준비하는 것이 유리합니다.

참고로 연금저축은 은행의 연금신탁, 보험사의 연금저축보험, 증권사의 연금펀드 중에서 선택하여 가입할 수 있습니다. 그런데 대부분 처음엔 연금저축보험으로 준비하였다가 납입의 유연성 및 장기적인 기대수익률을 감안하여 연금펀드로 선택하지 않은 것을 후회하는 경우가 많습니다. 이 경우, 절차가 다소 복잡하긴 하지만 '해지'가 아닌 '이전'의 형태로 연금저축보험에서 연금펀드로 이전하는 것이 가능합니다. 이를 통해 연금저축 해지시 부과되는 '기타소득세 22%'를 공제하지 않고 옮겨갈 수 있습니다.

〈연금저축 수익률 관련 기사〉

적금보다 못한 연금저축

— 금융소비자보호처 발행 : 금융소비자 보고서 1호

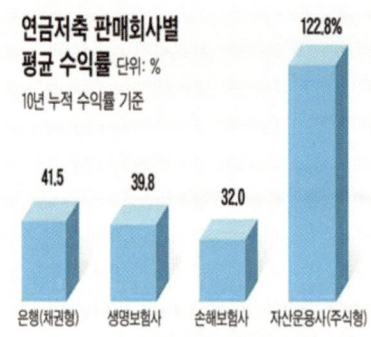

연금저축 상품 10년 누적 수익률 비교		단위:%
분류	10년 누적 수익률*	수익률 등급** (금융회사)
은행 채권형 연금신탁	41.54	상 : 경남·부산·신한·외환은행 중 : 국민·기업·대구·우리·산업·씨티·하나은행 하 : 광주·농협·전북·제주·SC은행
은행 안정형 연금신탁	39.76	상 : 경남·국민·외환은행 중 : 신한·우리은행 하 : 농협·수협중앙회·하나은행
생보사 금리연동 연금보험	39.79	상 : 교보·NH농협생명 중 : 대한·삼성·알리안츠·우리아비바생명 하 : 신한·KDB생명
손보사 금리연동 연금보험	32.08	상 : 메리츠화재·그린·UG손보 중 : 동부·삼성화재·한화손보 하 : 롯데손보·현대해상·흥국화재
자산운용사 채권형 연금펀드	42.55	상 : 한화자산운용 중 : 동양·삼성·신영자산운용·한국투자신탁운용 하 : 대신·우리·하나UBS·하이자산운용
자산운용사 혼합형 연금펀드	98.05	상 : 신영·하나UBS자산운용 중 : 하이·한투·한화자산운용 하 : 동양·대신자산운용
자산운용사 주식형 연금펀드	122.75	상 : 하나UBS자산운용 중 : 한국투자신탁운용·한화자산운용 하 : 하이자산운용

➡ 연금저축 이전제도의 활용 !!

Q. 보장성 보험을 통해 연금수령도 가능한게 맞나요?

최근 들어, 종신보험을 활용해 연금을 타는 방식의 설계가 유행하고 있습니다. 이와 관련해서 다양한 시각이 있을 수 있으나, 기본적으로 보장성 보험의 비싼 사업비를 초기에 부담하고, 정작 사망보험금을 받을 확률이 높은 은퇴 이후 시점에 연금으로 전환하게 되면, 약속한 사망보험금은 사라지는 구조입니다. 한 상품에 사망과 연금기능을 동시에 활용하고자 한다면, 오히려 사업비가 저렴한 연금 상품에 사망보장을 최대한 가져가는 것이 유리합니다.

결론적으로 보장성 보험을 통해 연금수령을 받는 기능은 존재하지만, 매우 비효율적인 방식으로 추천하지 않습니다. 다만 앞으로 해당 상품군이 다양한 보완을 통해 훨씬 경쟁력을 갖출 가능성은 있습니다.

05

은퇴는 우리의 미래다

01 임직원 재무설계에 참여하다
02 은퇴준비, 빠르면 빠를수록 좋다
03 워크샵을 계획하다

05 은퇴는 우리의 미래다

1) 임직원 재무설계에 참여하다

몇 달이 지난 후, 이초보는 이제 상담도 잘 하고, 고객으로부터 소개도 잘 받는 재무설계사로 주변에 인식되기 시작했다. 어느날 김팀장이 이초보에게 잠시 시간을 내달라고 한다.

"무슨 일일까?" 이초보는 궁금했다. 최근에 김팀장은 뭔가를 바쁘게 준비하는 거 같았고, 덕분에 자주 이야기를 나누진 못했었다.

"이초보FP, 이제 재무상담 하는 게 익숙해지셨나요?"

"아직은 많이 부족하지요. 그래도 고객과 함께 하는 것이 즐겁습니다."

"네, 동기들 중에선 그래도 가장 빨리 정착하는 거 같네요. 그래서 이번에 이초보FP께 한 가지 제안을 하려고 하는데.."

"네, 말씀하세요."

"재무설계사는 개인적으로 고객을 만나고, 또 소개도 받고 하면서 상담을 해요. 그런데 이와 별도로 회사에서 B2B형태로 특정 기업의 임직원에 대한 재무교육이나 재무상담을 전담하기도 합니다. 지금 우리 회사가 그런 부분을 참 잘 하는 편이지요. 그건 알고 있지요?"

"넵!!"

"이번에 제가 우리나라의 대표적인 전자부품 제조회사인 OO전자를 섭외하는 데 성공해서, B2B총괄팀장이 되었어요. 지금 OO전자 임직원을 전담할 프로젝트 팀원을 별도로 선발하고 있는데, 함께 하시지 않겠어요?"

"와, 제겐 좋은 기회겠네요. 감사합니다."

"네, 좋은 기회이죠. 동시에 혼자 상담하던 때와는 조금 다른 부분도 있습니다. 좀 더 표준화된 상담 프로세스를 갖춰야 하고, 재무설계사 한 분의 상담이 소홀해지면, 동료분들께도 악영향을 미칠 수가 있기 때문에, 상담에 특히 신경을 써주셔야 합니다."

"알겠습니다. 열심히 하겠습니다."

종업원 복지로 각광받는 재무설계

재무설계에 대한 국내 기업들의 관심도 점점 높아지고 있습니다. 종업원 복지 증진을 위해 임직원들에게 재무설계 서비스를 제공하는 기업은 2007년 아모레퍼시픽, 삼양사 등 몇몇 기업에 그쳤으나 이후 삼성전자, 현대자동차, 한국전력, KT, LG생활건강, CJ그룹, 현대아산병원, 수자원공사 등으로 널리 확산되고 있습니다. 이들 기업들은 독립계 FP회사 등과 재무교육 및 재무설계 제공에 관한 협약을 맺고 B2B형태로 임직원들의 은퇴 문제를 비롯한 각종 인생계획에 관한 준비와 실천을 돕고 있습니다.

임직원 재무설계에 대해선 노사 모두로부터 좋은 평가를 얻고 있습니다. 재무설계를 받아본 근로자들은 계획성 있는 소비생활과 저축의 증대로 가정생활이 한층 안정됐으며 미래에 대한 자신감이 높아져 회사업무에 대한 집중력이 높아졌다는 반응을 보이고 있으며, 회사 측에선 이 같은 근로자들의 변화가 생산성 향상과 노사 관계의 안정에 기여하고 있다는 평가를 내리고 있습니다. 일부 기업에선 노조의 요구로 직원에 대한 재무설계 제공을 단체협약에 명문화하기도 했습니다.

한국FP협회, 한국FPSB가 발간한 '재무설계, 오늘을 안심하고 사는 방법' 中에서

2) 은퇴 준비, 빠르면 빠를수록 좋다

이초보는 김팀장님을 비롯하여 동료, 선배 재무설계사들과 함께 한 팀을 이뤄 프로젝트를 준비했다. 해당 기업담당자를 통해, 복리후생과 급여수준을 파악하고 해당 업종의 특수성을 감안한 라이프맵을 작성해보고, 특히 퇴직과 관련된 제도 등도 연구했다.

재무상담은 사전에 신청자를 받고, 담당 재무설계사를 선정한 뒤 1차 상담을 같은 날에 회사로 방문해서 진행하고, 2차 상담부터는 개별적으로 진행하는 형식이었다.

이초보는 이날 총 6명의 직원을 상담하게 되었다. 그런데 그 중에는 50대의 부장님 한분이 포함되어 있었다. 사전에 받은 내용에 그 부장님이 관심을 보인 항목은 전부 '은퇴'와 관련된 부분이었다. 이초보는 은퇴를 먼 미래로만 생각해왔는데, 이 부장님의 경우는 이제 은퇴가 코앞의 문제인 것이다. 이초보는 아직 살아보지 않은 세상에 대해 이야기하는 것에 대해 부담이 느껴졌다.

"이럴 때 팀장님의 도움이 필요한 거겠지?"

이초보는 김팀장의 도움을 받아, 이부장님 상담을 함께 진행하기로 했다. 드디어 부장님과 첫 대면을 하였다.

장부장: 회사를 오래 다니다 보니, 이렇게 재무상담을 받을 기회도 갖게 되는군요. 좋은 상담 부탁드립니다.

김팀장: 네, 부장님 최선을 다하겠습니다. 그런데 같은 재무상담을 받아도 사람들마다 기대하는 바가 다양한 것 같습니다. 부장님의 경우는 어떤 부분을 중점적으로 점검 받고 싶으신가요?

장부장: 아무래도 내 나이가 되면 아이들 교육 문제와 코 앞에 다가온 은퇴문제가 맘에 걸리죠. 그런데 다행히 회사에서 아이들 학자금은 지원해주는 제도가 있으니, 은퇴에 대한 부분을 점검 받고 싶습니다.

김팀장: 네. 장부장님은 언제쯤 은퇴를 예상하시나요?

장부장: 신입 때는 40대 중반쯤에 멋지게 은퇴하고 싶었는데.. 이 나이가 되고 보니 계속 일을 하고 싶어집니다. 적어도 아이들 결혼시킬 때까진 다니고 싶은데, 임원이 되지 못하면 아마 3-4년 내 그만둬야 하지 않을까?

김팀장: 꼭 임원이 되셨으면 좋겠네요. 혹시 회사를 퇴직하신 후 계획은 있으세요?

장부장: 그게, 미리 이런저런 계획도 세워봐야 할텐데, 자꾸 미루게 되네요. 하하

김팀장: 그렇군요. 저희는 상담을 하면서 현재와 미래의 밸런스를 굉장히 중시합니다. 미래를 위해 현재를 너무 희생해도 안되고, 그 반대의 경우도 마찬가지죠.

부장님께서 막연하게 생각하시는 은퇴에 대해 이렇게 말씀 드려보겠습니다. 지금 다니시는 회사를 그만두시는 것은 '퇴직'이구요. 퇴직 이후엔 다른 직장을 구하시거나, 아니면 조그마한 가게라도 차리거나 하시겠죠. 이렇게 직장생활을 이어가신다면 새로운 '근로소득'을 창출하시는 것이 되고, 개인사업 등을 시작하시게 되면 '사업소득'을 통해 소득을 이어가시게 됩니다. '은퇴'는 이렇게 부장님의 노동력을 기반으로 만들어가는 '근로소득'과 '사업소득'이 모두 끊기는 시점이 아닐까요?

장부장: 그렇게 봐도 되겠군요.

김팀장: 네, 은퇴설계는 근로소득과 사업소득이 끊기는 시점에 어떤 식으로 대체소득을 만들어갈 것인가에 대한 고민이 됩니다. 대개는 노동력 대신 그 동안 준비해 둔 여러 형태의 자산에서 발생한 소득으로 이를 대신하게 되죠. 이자나 배당소득, 연금소득이나 부동산임대소득 등이 대표적입니다. 이런 소득을 합쳐서 종합소득이라고 합니다.

그런데, 종합소득만으로 충분한 소득을 만들지 못하면, 기존 자산을 점점 처분해야 하는 상황이 오게 됩니다. 예금, 적금의 원금을 허물거나, 보유주식 등을 매각하거나 부동산 등을 줄이거나 매도하는 것이 그런 상황입니다.

장부장: 네, 그래서 걱정이에요. 모아놓은 자산이 너무 없어서. 나름 열심

히 산다고 했는데...

김팀장: 저도 마찬가지입니다. 특히 자녀교육비나 내 집 마련 비용이 너무 커서 상대적으로 멀게 느껴지는 은퇴준비는 자꾸 미뤄지게 되죠. 그런데 은퇴가 10년 이내로 남은 고객들을 만나보면, 대부분 좀 더 일찍 은퇴준비를 못한 과거에 대해 후회를 많이 하십니다. 아직 부장님의 현재 상황을 자료로 받지는 못했으니, 말씀해주시면 국민연금과 퇴직연금 등을 감안해서 어떻게 준비를 해야 할지에 대해 방안을 마련해보도록 하겠습니다.

장부장은 은퇴준비를 미리부터 하지 못한 점에 대해 굉장히 후회하고 있는 듯 보였지만, 김팀장의 설명을 듣고 약간의 희망도 갖는 듯이 보였다. 장부장님과의 1차 상담이 끝난 후 이어진 상담은 1년차 신입사원이었다. 앞서 상담한 장부장님의 모습이 이 신입사원의 나중 모습이 될 수도 있다는 생각에 좀 더 책임감을 느끼게 되는 이초보였다.

이초보의 예상대로, 김신입의 주된 관심사는 청약상품과 펀드, 그리고 결혼자금 마련이었다. 이초보의 설명을 열심히 듣는 김신입의 눈은 초롱초롱했다. 그런데 은퇴에 대한 이야기가 나오자 김신입이 질문을 던진다.

김신입: 재무설계사님, 그런데 은퇴는 굉장히 먼 이야기인데, 벌써부터 준비할 필요가 있을까요? 저는 부모님 지원도 기대하기 어려워서 결혼자금 준비만 생각해도 빠듯한데요?

이초보: 김신입님의 생각에 동의합니다. 은퇴는 가장 먼 미래이죠. 그런데 그 미래에 대한 준비를 늦게 하면 할수록 그 부담이 점점 커지게 되기 때문에, 일찍 준비를 시키는 거에요. 단순히 미리 준비한다는 차원을 떠나서, 연금의 경우 가입시점이 빠를수록 경쟁력이 있답니다. 다만 은퇴가 아직 멀었기 때문에, 정확한 필요자금을 계산하는 것보단 지금 계속 유지가능한 수준으로 은퇴준비의 첫걸음을 하시는 정도면 적당할 거 같네요.

김신입: 맞는 거 같기도 한데, 아직 제 이야기 같진 않네요. 아직 눈앞의 목표가 너무 버겁게 느껴져요.

부장님에 이어서 만나게 된 신입사원, 은퇴는 나중 얘기니 천천히 준비하는 게 어떨까요? 라는 그 신입의 말에 이초보는 방금 전 상담에서 은퇴준비를 미뤄온걸 후회하던 부장님의 말씀들이 떠올랐다.

효과적인 연금 준비 방법

종신보험 가입 직후 사망해 가족이 수령한 사망보험금은 누구의 돈에서 나온 걸까요? 사망하지 않은 가입자가 낸 위험보험료입니다. 이렇듯 보험은 보험가입자들끼리 서로가 서로를 돕도록 제도화된 것으로 과거의 두레나 계와 큰 차이가 없습니다. 다만 그 목적에 따라 연금이냐 종신보험이냐 등의 종류가 나뉘는 것이죠.

종신형 연금은 고객이 오래 살면 살수록 유리한 상품입니다. 그렇다면 만약 고객이 평균수명을 훨쩍 넘어 150세가 되도 생존해 있는 경우 받는 연금은 누구의 돈에서 나온 것일까요? 일찍 사망한 사람의 돈에서 나온 것이어야 하는데, 실제 대부분의 종신형 연금은 20년 이상의 지급보증기간을 설정할 수 있습니다. 쉽게 말해 가입자가 너무 일찍 사망하면, 남은 기간은 그 가족에게 연금이 지급되는 구조라는 것입니다. 결국 보험사 입장에서 연금은 상당히 위험한 구조를 가진 상품인 셈이죠.

연금은 적어도 10년 이상 유지해야 하는 장기저축입니다. 일반 저축과 다른 점은 '연금전환옵션이 있는 저축'이란 점이죠. '종신, 상속, 확정, 자유' 4가지 형태로 전환 가능하고, 이 중 종신형만이 경험생명표를 기준으로 지급됩니다.

문제는 위에서 말한 생명표가 계속 빠르게 변화하고 있다는 점입니다. 그래서 최대한 빨리 준비하는 것이 유리합니다. 여기까진 보험사에서 연금을 빨리 준비해야 하는 이유입니다. 그런데, 몇 가지 전제조건이 있습니다.

첫째, 연금을 가입한 후 계속 유지가 가능해야 한다는 점입니다. 그래서 연금은 단순한 상품으로 가입하는 것이 아니라, 재무상담을 통해 정확한 현금흐름을 파악한 후 적정한 금액으로 준비해야 합니다. 특히 보험사 연금은 사업비 차감 때문에 초기 몇 년간은 비용 경쟁력이 떨어지고, 장기로 갈수록 유리한 구조인데 조기해약을 하게 되는 경우 큰 손해를 볼 수 있습니다. 따라서 납입원금의 2배까지 저렴한 비용으로 납입이 가능한 추가납입기능을 활용해보는 것도 매우 바람직합니다.

둘째, 비과세 기능은 보험에만 부여되기에 비과세종신형 연금은 보험으로 가입하는 방법 밖에 없지만, 소득공제를 해주는 연금은 보험사 외에도 증권사의 펀드나 은행의 신탁 형태도 존재하기 때문에 꼭 보험사의 상품을 고집할 필요는 없습니다. 오히려 장기간 준비하는 상품이기 때문에 투자를 병행할 수 있고, 상황에 따라 납입을 유연하게 할 수 있는 연금펀드가 더 경쟁력이 있다고

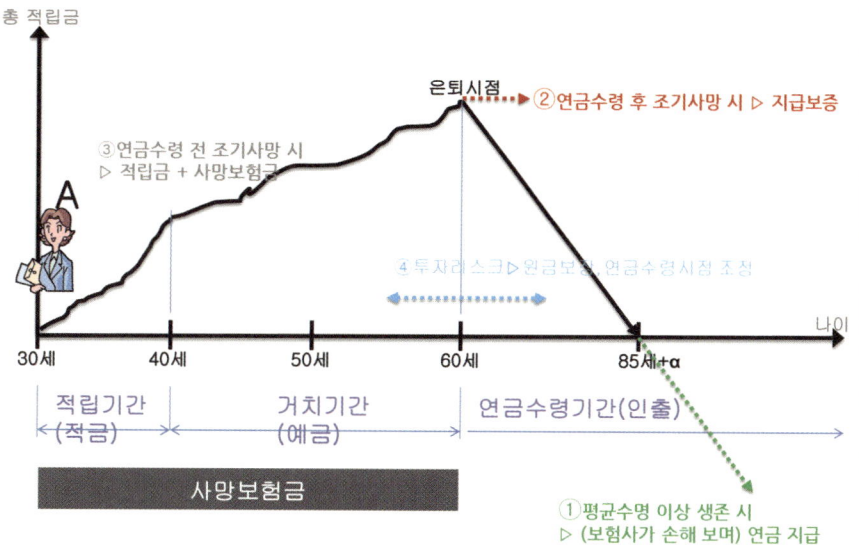

할 수 있습니다. 또한 앞서 말했듯이 소득공제형 연금 상품은 해지를 하지 않고 서로간에 전환할 수 있는 연금저축 이전제도를 활용할 수도 있습니다. 다만 소득공제형 연금은 납입시점에 소득공제란 혜택을 주는 대신, 연금수령시점에 여러 형태로 과세를 한다는 점을 명심해야 합니다.

셋째, 은퇴준비엔 너무 큰 금액이 들어가기 때문에 한 가지 상품만으로 준비하기엔 벅찹니다. 그래서 국가와 기업이 강제저축의 형식으로 노후대비를 준비토록 하는데, 공적연금과 퇴직연금이 바로 그것입니다. 개인연금과 위 2가지 연금을 합쳐서 연금의 3층구조라고 합니다. 이 중 개인연금이 비과세종신형과 소득공제형 2가지로 구분되는 것입니다. 최근에는 일정 조건이 맞는 1주택 보유자가 주택연금(역모기지론)을 활용하는 길도 있습니다만, 이 역시 가입시점이 늦어질수록 과거 가입자들에 비해 그 수령액이 줄어드는 경향이 있습니다. 여러모로 연금상품의 가입은 서두를수록 유리합니다.

넷째, 최근 한국사회의 가장 큰 비중을 차지하고 있는 베이비부머의 은퇴가 현실화됨에 따라, 부동산 중심으로 구성되어 있는 한국형 자산구조의 모순점이 드러나기 시작했습니다. 자산은 있는데 현금은 없는 상태의 심각성을 느끼면서 금융자산의 비중을 높이려는 사람들이 늘어나고 있고 이 흐름을 타서 증권사에서 각종 월 지급식 상품을 출시하기 시작했습니다. 증권사의 월 지급식 상품은 장점이 굉장히 많습니다. 다만 몇 가지 주의할 점이 있습니다. 우선 아쉽게도 종신형 지급이 보장되지 않습니다. 또한 손실이 나 있는 경우에도 연금처럼 정액을 지급해주는 경우, 부분환매를 통해 손실을 확정짓는 방식이므로 원금이 빨리 소진되는 구조란 점입니다. 즉 연금처럼 보장형 시스템이 아니고 지급의 형태만 월 지급형태를 띄고 있다는 점에서 약간의 아쉬움은 있습니다.

3) 워크샵을 계획하다.

김팀장의 권유로 이초보가 참여한 OO전자 임직원 대상 B2B 재무상담 프로젝트는 몇 달간에 걸쳐 숨가쁘게 진행되었다. 정신없이 바쁜 일정 속에서도 이초보는 재무상담의 경험이 쌓여가는 것이 즐거웠다. 같은 직장인이라 해도, 얼마나 오랫동안 근무했는지 혹은 결혼 여부, 맞벌이 여부, 자녀 유무 등에 따라 그 고민도 다양하고 준비상태도 제각각인 것이 이초보 본인에게도 많은 생각을 갖게 했다.

프로젝트 팀원은 모두 8명이었다. 바쁜 일정 속에 여름이 지나고 가을에 접어들자, 김팀장은 워크샵 일정을 발표했다.

"그동안 제대로 쉬지도 못하고, 상담에 힘쓰느라 고생 많으셨습니다. 이번 워크샵은 그동안 OO전자 임직원의 삶을 고민하고, 그 분들에게 좋은 솔루션을 제공하느라 힘쓰신 여러분들의 노고를 위로하고, 그 사례를 공유하기 위한 목적으로 진행합니다. 워크샵 장소는 '제주도' 입니다."

제주도 워크샵 일정이 발표되자, 모두들 환호성을 질렀고 일정을 확인하며 다들 들떠 있었다. 이초보는 처음으로 회사 사람들과 여행을 간다는 것이 너무 행복했다. 같은 회사, 같은 팀이지만 교육과 회의를 제외하곤 늘 고객들과 함께 하는 시간이 더 많았기에, 이번 워크샵 기간 동안에 다른 재무설계사들은 어떻게 살아가고 있는지, 어떤 고충이 있는지 들을 기회가 되지 않을까 내심 기대가 되었다.

옆에서 팀원들은 세부 일정을 함께 고민하면서 계획을 열심히 짜고 있다. 가고 싶은 곳도 많고, 먹고 싶은 것도 많다. 제주도 지점에 있는 동료를 통해, 여행 정보도 열심히 확인하며 제법 부산을 떤다.

그 모습을 바라보던 이초보, 문득 이런 생각이 든다.

'불과 며칠간의 여행에 대해서도 이렇게 열심히 준비하고 계획을 짜는구나. 그것도 아주 즐겁게 말야. 그런데, 재무상담을 할 때마다 느끼는 거지만, 몇 십 년의 인생을 살아갈 우리가, 정말 무계획적으로 사는 경우가 많은 것 같아.'

그러다 이초보는 깨달았다.

'내 참, 계속 상담만 하다보니, 즐겁게 여행 계획을 짜면서도 일과 관련되서 생각을 하다니. 에구.'

 이런 고객은 힘들어요.

여행은 즐거웠다.

예쁜 펜션도 좋았고, 미로공원에서 헤매기도 하고, 특히 승마체험이 좋았다. 만장굴도 색다른 경험이었고.. 제주공항에 내리자마자 맛본 고기국수부터 회도 맛있었고, 간만에 모든 것을 잊고 즐거운 시간을 보냈다.

저녁이 되자, 펜션 방안에 옹기종기 모여 앉았다. 김팀장이 첫 마디를 꺼낸다.

"모두들 즐거운 시간이었나요? 그동안 고생 많았습니다. 재무상담이 본질적으로 개인상담의 성격을 갖지만, 우리는 B2B계약을 체결하고 한 직장의 임직원을 상담하고 있다보니, 한 분의 고객이라도 만족도가 떨어지면, 나머지 상담에 영향을 받을 수가 있습니다. 그래서 상담과정과 보고서 등 전체적인 진행에 표준화가 중요합니다."

김팀장의 설명은 이어졌다.

"이 시간부턴 각자가 고객과의 상담에서 있었던 내용을 공유하고 힘들었던 점도 가감 없이 말씀해주시기 바랍니다. 같은 환경에서 근무하는 사람들을 함께 상담하고 있는 우리들에게 동료의 경험을 간접적으로 체험하는 것은 큰 도움이 됩니다."

정우기FP: 저는 임신하신 고객을 위해 태아보험을 설계해드렸어요. 다양한 회사의 상품을 검토하고 특히 고객의 경제상황과 현재 희망하는 보장내용에 부합하도록 설계를 해드렸는데 마지막에 그 고객이 보험료를 대납하거나 유모차 같은 선물 안주냐고 요구하셔서 굉장히 허탈했던 적이 있어요. 사실 일부에서 선물을 주거나 보험료 대납을 해주기도 하는데, 그게 정상적인 게 아니잖아요. 보통 그런 식으로 가입한 보험들을 보면 매우 비싸게 설계가 되어 있는 경우가 태반이고.. 사람들은 세상에 공짜가 없다는 걸 모르나봐요.

이렇게 말하고 정우기FP는 깊은 한숨을 내쉬었다.

임영석FP: 저는 약속을 잘 안지키는 고객이 참 힘들어요. 저희는 스케줄 관리가 생명이잖아요. 그런데 매번 약속을 어기고, 그것도 약속시간 넘어서야 못 온다는 연락을 주는 고객들이 제법 있어요. 그나마 연락 안주는 사람보단 나은 경우지만.

지세운FP: 저는 고객분과 투자에 대한 이야기를 하면서, 너무 높은 기대수익률을 이야기하는 분을 만날 때가 특히 난감해요. 그러면서도 절대 손해는 안 보는 투자를 하고 싶다고 하는 경우가 있죠. 그래서 그런 분들을 만나면 투자에 대한 교육을 철저히 하는 편입니다.

이규왕FP: 저는 재무상담을 마친 뒤에 제가 제시한 포트폴리오를 보고 고객들이 매우 합리적이라고 좋아하다가, 자신의 상황을 정확히 모르는 동료들의 부정확한 조언에 휘둘리거나 금융상품을 판매하러 온 지인과의 관계 때문에 자신에게 맞지 않다는 것을 알면서도 불필요한 금융상품을 '가입해 주는 것'을 볼 때가 제일 답답해요. 자신의 소중한 자산을 왜 자신의 의지대로 하지 않는지..

서효임FP: 저는 저와 같은 미혼인 여자들을 자주 만나는데요, 많은 경우에 그냥 어머니께 맡겨놓고 본인은 그냥 용돈만 타서 쓰는 경우가 많아요. 항상 그런 건 아니지만 많은 경우 어머니들이 딸들이 무분별하게 지출할까봐 관리가 들어가는 거죠. 그런데 그 돈이 그냥 '계'나 '적금'에만 올인하는 경우를 많이 봐요. 어머님들이 그냥 본인들이 익숙한 방식만 계속 선호하시는 거죠. 심지어는 결혼자금 모은다고 전부 보험상품에 들어간 경우도 봤어요. 그런데 더 문제는 나중에 결혼 후에 보면, 이렇게 지내온 여자분들이 수입과 지출을 관리하는 것을 매우 어려워하고, 금융에 대한 지식도 매우 적어서 곤란을 겪는다는 거에요.

이동오FP: 저는 세금이 문제가 되는 고객들을 많이 만나게 됩니다. 그런데 일부 고객들은 자신의 이야기에 도취되어서 도무지 이야기를 들으려 하지 않아요. 그러다보면 정말 도움이 되는 이야기들을 전달하지 못하는 경우가 생겨요. 뭐랄까 자신감이 넘치는 분들이긴 하지만, 그게 지나치면 좋은 기회를 놓칠 때도 있죠.

최헌영FP: 흠.. 여기선 제가 가장 경력이 많군요. 상담을 하면서 힘든 부분이 많죠? 고객의 입장에선 재무상담이 처음 하는 경험이라 낯설어서 그럴거에요.. 그리고 그런 부족한 부분들 때문에 상담을 받는 것이기도 하고. 저는 고객의 상황을 개선시키기 위해서, 가장 중요한 것은 '실행'이라고 생각해요. 물론 신중히 검토한 뒤의 이야기지만, '실행'하지 않은 포트폴리오는 고객의 머리만 복잡하게 할 뿐이랍니다.

동료들의 이야기를 듣던 이초보는 재무상담이 정말 만만치 않다는 생각이 들었다. 그런데, 한 가지 이상한 점이 있었다. 분명 일부 고객들에 대해 불만을 토로하는 분위기인데도 다들 즐거워보이는 것이었다.

그 때 처음에 불만을 꺼냈던 정우기FP가 한 마디를 한다.

"그래도 우리는 우리가 원하는 고객을 고를 수가 있잖아요. 그리고 실제로 너무 고마운 분들이 많아요. 뭐랄까 함께 한 시간이 길어질수록 점점 좋은 친구가 되는 고객들도 많아지고, 때로는 좋은 인생선배를 만나기도 하고, 어떤 경우에는 사회초년생의 멘토가 되는 경험도 할 수 있고.. 그래서 저는 제가 재무설계사란 겐 너무 좋아요."

06

부동산, 패러다임이 바뀌다

01 무리한 내 집 마련은 독이다
02 무리한 상환계획, 현금흐름을 좀먹다

06 / 부동산, 패러다임이 바뀌다

1) 무리한 내 집 마련은 독이다.

B2B 상담도 순조롭게 진행되어, 어느덧 1차 상담 막바지에 이르게 되었다. 또한, 기존에 상담받았던 고객들로부터 소개를 받아 추가적인 상담을 진행하는 경우도 점점 생기게 되었다. 이초보 또한 상담할 수 있는 분야나, 연령층이 다양해졌다.

고객사에서 상담을 진행하던 중, 한 고객이 찾아왔다.

김고민: 실례합니다. 여기가 재무상담 하는 곳이 맞나요?

이초보: 예, 그렇습니다. 어떻게 오셨나요?

김고민: 고민이 있어 해결 방법이 있을까 해서 찾아왔습니다.

이초보: 네. 앉으십시요. 반갑습니다. 이초보 FP라고 합니다.

고객은 본인의 하소연을 하기 시작했다.

김고민: 과장 2년차인 김고민이라고 합니다. 원래 구미에 있다가 여기서 과장을 달았으니 이곳으로 올라온 게 2년이네요. 아무래도 이 쪽 공장이 신규다 보니 원래 있던 곳에서 올라온 사람들이 많습니다. 아마 저 말고도 많은 분들이 같은 경우일 거에요.

이초보: 네, 상담을 진행하다 보니 발령을 받아 이동하신 분들이 많이 있더군요.

김고민: 이렇게까지 차이나는 줄은 몰랐는데, 지방과 수도권의 집 값의 차이가 엄청나더군요. 구미에 있을 때는 제 집이 있었습니다. 집 값이 싼 건 아니지만 그래도 월급 모아서 구입할 정도는 되더군요. 근데 여기에 와서는 같은 조건으로 집을 구할 수가 없었습니다. 저희 돈에 맞게 집을 구했는데, 아이가 그러더라구요. "아빠, 왜 여기 집은 작아?" 말을 듣고 홧김에 대출을 받아 원래 살던 크기로 새로 집을 장만했는데요, 갚아나가는 부분이 장난이 아닌 겁니다. 월급도 많이 오른 것도 아닌데 100만원 넘게 대출금으로 빠져 나가고 있으니, 이를 어떻게 해야 할까요? 이게 부담이 되다 보니 지출되는 모든 비용이 다 부담이 되는 겁니다. 관리비에 보험료, 각종

세금 등등 담배만 늘게 되네요. 제 월급으로 감당이 가능한 부분일까요? 바꾼다면 어디서부터 해야 할까요?

 부동산과의 애증

한국인들에게 있어 '내집 마련'은 지상 최대의 과제로 여겨집니다. 하지만 자신의 능력보다 과한 집은 오히려 독이 될 수 있지요. 특히, 무리하게 집을 장만하기 위해 대출에 의존할 경우 '하우스 푸어'로 전락할 위험까지 있습니다. 다음의 사례를 통해, 내집 마련에 대한 생각을 다시 한번 점검해 보겠습니다.

사례1

9년차 회사원 A(38세)씨는 부동산으로 재테크를 하겠다는 생각에 1년 전 서울 행당동의 빌라 한 채를 3억원에 샀다. 1억원을 은행에서 대출받고, 1억 2천만원에 전세까지 끼워서 힘들게 산 집이다. 무려 2억2000만원이나 남의 돈을 끌어들여 레버리지 효과를 노린 것. 그런데 정작 집값은 2억 2000만원까지 떨어진 상황이다. 맞벌이를 하면서 본인도 전세로 살고 있는 처지에, 손실이 난 집을 계속 소유하기 위해 대출금만 갚아나가야 하는 처지가 된 것이다.

사례2

3년차 영업사원 B씨(31세)는 부모님의 지원을 포함해 1억원의 결혼자금으로 신혼집을 알아보는 중이다. 대출은 가능한 받지 말자는 예비신부의 말에도 불구하고, 전세자금이 계속 오를지도 모른다는 이야기와 IMF 때처럼 현재의 부동산 불경기가 좋은 매물을 구입할 찬스라는 신문기사가 B씨의 머리 속을 계속 맴돈다.

회사원A씨는 매월 이자만 50만원 가까이 내고 있습니다. 아직은 소득으로 감당할 수 있지만, 그가 기대하던 레버리지 효과는 오히려 디레버리지 효과로 돌아오고 있습니다. 떨어진 집값에 전세와 대출을 감안하면, 사실상 본인의 집이 아닌 것이죠.

회사원 A씨는 그래도 양호한 편입니다. 2006년 하반기를 전후해 고점에서 부동산을 매입한 사람들의 경우 몇 억씩 대출을 받은 이들이 많습니다. 대출 금액이 커질수록 이자율의 상승은 이자부담의 가중으로 돌아오고, 집 값의 하락은 심리적인 초조함과 좌절로 돌아오게됩니다.

원금 상환에 대해서 고려하지 않고, 매월 부담할 이자만 생각해서 대출 금액을 정하는 것은 위험합니다. 사실 DTI규제는 자신의 소득범위 내에서 합리적인 대출 금액을 정하게 하는 자연스러운 제도임에도, 현재의 집 값이 너무 높게 형성되다 보니 불편하게 느껴지는 것이지요.

한편, 연체 이자는 총 대출금액에 대해 붙게 된다는 사실을 모르는 사람들이 의외로 많은 듯 합니다. 즉 A씨의 경우 한 달 연체 후 연체이자가 적용이 되면 50만원이 아니라 1억에 대해 연체이자가 적용되지요.

상황이 이러한데, 재무상담을 진행하다 보면 사례2처럼 무주택자의 경우 여전히 부동산에 대한 미련이 강한 사람들을 보게 됩니다. 그 동안 무주택자로서 느꼈던 심리적 박탈감 등이 달라진 시장 상황을 객관적으로 볼 수 없게 만든 것은 아닌지 한 번쯤 되돌아보게 됩니다

'주식은 마약과 같고, 부동산은 신앙과 같다.'고 말합니다. 주식의 경우 많은 이들이 직접투자의 폐해를 인정하면서도 끊지 못하고 하는 경우가 많은 반면, 부동산의 경우 과거의 긍정적 혹은 부정적인 경험에 근거해 강력한 확신을 갖고 있는 경우가 많다는 이야기지요.

> 대체로 증권사, 은행, 보험사 등 금융권 종사자들은 부동산 업계 종사자들에 비해 주택시장에 대한 장기적인 전망이 비관적입니다. 베이비붐 세대의 은퇴가 중요한 이유로 거론되며 동시에 금융자산과 부동산 자산이 경쟁관계에 있다는 현실적인 이유도 반영되어 있습니다.

이초보: 부동산은 환금성이 높지 않습니다. 지금 과장님께서 고민하시는 것은 월급이 지속적으로 '부동산 유지비용'으로 사용되고 있기 때문에 생기는 문제라고 생각합니다.

김고민: 네 그러네요.

이초보: 부동산 이외의 자산과 정기적인 지출항목은 어떻게 있으신가요?

김고민: 일찍부터 들어 놓은 보험 몇 개랑, 자동차 등이네요. 애들 학원비는 그렇게 부담되는 수준은 아니구요.

이초보: 그러면, 수입과 지출을 전체적으로 분석한 후, 해결책이 있는지 논의해 보도록 하시죠.

부동산, 구입할까? 기다릴까? 구입한다면 언제 해야 할까?

부동산의 상승론과 하락론 모두 일정한 논리적 근거가 있습니다. 시장에 대한 단기적인 예측이 쉽지 않음을 감안하더라도, 고객은 판단을 함에 있어서 상황의 지배를 받는 경우가 많습니다. 예를 들어, 무주택자인 경우는 부동산 하락을 점치다가, 주택 구입을 한 순간 부동산 상승론자로 바뀌기도 합니다. 가능한 객관적인 시각을 유지하려면 어떻게 해야 할까요?

중요한 것은 시장이 매도자 우위의 시장인가 아니면 매수자 우위의 시장인가를 확인해야 합니다.

대한민국 주택시장은 장기간 매도자 우위의 시장이 지속되어 왔습니다. 하지만 지금은 누가 보더라도 매수자 우위의 시장으로 해석되며, 주택보유자라 하더라도 매수자의 입장에서 시장을 바라보아야 좀 더 객관적인 시각을 유지할 수 있다 여겨집니다.

대개의 경우, 매도자는 매물을 내놓았다가도 호재가 생기면 민감하게 반응하며 매물을 거둬들이고 다시 가격을 높여 내놓는 반면, 악재에는 버티는 경향이 있습니다. 특히 손해보고는 절대 안 팔고 버티려고 합니다. 이러한 심리로 인해 부동산은 하방 경직성을 띠는 것이 일반적입니다.

그런데 급매나 경매 물건이 끊임없이 늘어가고 있다는 것은 그만큼 대출 이자의 압박을 견디지 못하는 사람들이 늘어간다는 신호이고, 매도자가 심리적으로 쫓기는 상황에서 매수자는 느긋하게 기다릴수록 더욱 유리한 형국입니다.

재무설계사는 예언자는 아닙니다. 오히려 무책임한 시장전망으로부터 고객을 보호해야 할 윤리적 의무가 있습니다. 따라서 단기적으로는 국가의 정책에

주택가격이 영향을 받지만, 장기적으로는 수급에 따라 시장가격이 형성된다는 기본적인 원칙에 기반하여 고객에게 컨설팅해줄 필요가 있습니다.

특히 많은 부작용이 예상됨에도 불구하고 무리한 대출을 통해 내 집 마련에 나서는 고객에게 스스로를 객관적으로 바라볼 수 있도록 도와주는 것이 필요합니다. 즉 자산을 한번에 늘리려는 욕심이 현금흐름을 옥죌 수 있음을 이해시켜야 합니다.

'위험의 보유는 성장의 조건, 위험의 관리는 생존의 조건'이라는 말이 있습니다. 부동산에 편중된 구조는 유동성 측면에서 매우 위험하며, 이 부동산이 대부분 대출로 이뤄진 것이라면 그 위험성은 더욱 말할 나위 없겠지요.

좀 더 냉정하게 시장을 바라보셨으면 합니다. 내가 사려고 하는 집이 투자 목적인지, 주거 목적인지. 남들에게 보여주기 위한 집인지, 내가 살기 편하고자 움직이는 집인지. 금융 재산으로 소유 시에는 이자가 발생하지만, 부동산은 비용이 발생합니다. (물론, 둘 다 가치가 하락하는 경우라면 다르겠지만) 자신의 선택으로 마음이 편안해 진다면 그것은 실행하는 것이 낫지만, 언제 터질지 모르는 시한폭탄 같은 위험을 동반한다면 이는 본인이 원했던 결과가 아닐 것이고, 선택에 대한 후회가 커질 가능성이 높습니다.

부동산은 말 그대로 '움직일 수 없는 재산'입니다. 안정성은 뛰어나지만 환금성(금융재산으로 되돌릴 수 있는 성질)은 상대적으로 떨어진다는 점을 유념하시고, 부동산 투자에 임해야 할 것입니다.

이초보는 1차 상담에서 김고민 과장의 지출 내역 중 보험료에 필요 이상으로 많은 돈이 나가고 있는 것을 확인했다. 이어서 김 과장의 집을 방문한 이초보는 부부를 모두 만나 두 사람의 보험에 대한 의견을 듣고 이를 토대로 보험 리모델링을 진행하였다. 그 결과 절약된 돈으로 대출금 중 일정 부분을 갚고, 월 고정 지출의 상당부분을 줄일 수가 있었다.

김고민: 정말 고맙습니다. FP님 덕분에 큰 부담이 줄었습니다.

이초보: 아닙니다. 마땅히 해야 하는 일인데요. 남 일 같지 않아서 저 또한 더 기분이 좋구요.

김고민: 남 일 같지 않다니요?

이초보: 하하, 저도 원래 이공계 출신이라서 원래대로라면 과장님과 진로가 비슷했을 겁니다. 저도 여기서 일했을 지도 모르겠구요.

김고민: 원래부터 금융권이 아니셨구요?

이초보: 네. 박사 때 과장님과 비슷한 고민을 하다가 아예 진로를 바꾸게 되었습니다.

김고민: 하하, 대단하시네요.

이초보: 아닙니다. 그랬기에 제가 더 과장님을 이해했을지도 모르겠어요. 잠깐이지만, 같은 직종을 했었기에 그 생활을 더 잘 알고 어떤 부분에서 상대적으로 약한지를 빨리 알 수 있으니까요. 연구원들 생활이라는 게 밖에

서 돌아가는 이야기 알기가 쉽지 않잖아요.

김고민: 아이고, 말씀 잘하셨네. 우리야 안에서 공장 돌아가는 것만 알고 자기 하는 것들만 하지. 사람 만나는 것도 죄다 동종업계 사람들만 봐요. 예전에야 친구들도 만나고 했지만 결혼하고 아이 둘 키우는데 친구는 무슨. 일년에 한번 동창회 때 살아있나 확인만 해도 다행입니다. 아 결혼하니까 생각났다. 제 부사수로 일하는 친구가 이번에 결혼을 하는데 이것 저것 저한테 물어보더군요. 이 친구도 집 때문에 고민이 많던데 상담해주실 수 있으신가요?

이초보: 물론입니다.^^

김고민: (전화로) 정주임, 나한테 집에 관해 물어보던 거 있잖아? 거 왜 회사에서 재무상담 진행해 주는 거 있잖아. 여기에 물어보지 그래? 나도 상담했는데 여기서 해결이 많이 되었어. 연락처 가르쳐줄 테니까 박대리랑 같이 와.

2) 무리한 상환계획, 현금흐름을 좀먹다.

상담 자리에서 바로 소개받은 이초보. 곧 신혼 예정인 부부가 상담실에 앉았다.

정예랑: 안녕하세요. 방금 소개받은 정예랑 주임입니다

박예분: 박예분입니다.

이초보: 안녕하세요. 사내 재무상담실 담당 이초보FP 입니다. 김과장님께 말씀 들었습니다. 어떤 부분을 도와드릴까요?

정예랑: 예, 저희가 좀 있으면 결혼을 하는데요. 집 관련 부채 상환에 대해서 제 여자친구와 의견이 다른 부분이 많아서요. 어떤 게 맞는 것인지 얘기를 많이 했는데도 결론이 잘 나지 않네요.

이초보: 축하드립니다. 가정을 꾸리는 것 만큼 중요한 일도 드물지요.

정 & 박: ^^

박예분: 저희가 맞벌이다 보니 소득이 월 500만원 정도 되거든요. 이이가 모은 돈이 약 7천만원 정도 되구요. 대략 7천~1억 정도를 대출받아 전세자금으로 사용하려 하는데요. 현재 고정적으로 나가고 있는 금액이 둘이 합쳐서 약 110만원 정도에요. 120만원 정도에서 생활비랑, 용돈, 관리비 등 사용하고 남은 250만원 정도를 매달 갚아나가고 싶거든요.

이초보: 월 250만원이면 1년에 3천만원이네요.

박예분: 네. 거기에 연 상여금 등을 둘이 합치면 2년 정도면 갚을 수 있지 않을까 해서요.

이초보: 2년으로 생각하고 있으신 이유가 있을까요?

박예분: 전세 갱신이 2년에 한 번 씩이잖아요. 전 빚이 싫거든요. 그래서 빨리 갚아버리고 싶어요.

이초보: 정주임님 생각은 어떠세요?

정예랑: 전 솔직히 좀 불편해요. 집에다가 그렇게 많이 돈을 써야 하는 지도 잘 모르겠구요. 어짜피 우리 집도 아니고, 집값은 전체적으로 떨어지는데 전세값만 오르던데요. 차라리 금융자산으로 늘리는 게 낫지 않을까 싶은데, 적당한 걸 못 찾아서 여자친구가 하자는 대로 할 것 같긴 한데…맞는 건지 모르겠네요. 솔직히 다른 신혼부부들은 어떻게 하는지도 궁금하구요. 아무래도 전문가한테 물어보는 게 나을 듯 하네요.

이초보: 그러세요? 그러면 제가 상담했던 사례 중에서 하나를 말씀드릴께요. 두 분 케이스와 거의 유사하지 않을까 싶네요.

 주택자금대출, 결혼과 함께하는 피할 수 없는 동거

주택 마련 시, 특히 신혼부부인 경우 부모님의 도움을 받지 않으면서 대출 없이 집을 마련하기란 불가능에 가깝습니다. 소득 수준이 높다고 하더라도 그만큼 돈을 모으려면 '숨만 쉬고 살아도' 힘들고, 특히 수도권이라면 그 정도가 더 심합니다.

필연적으로 대출을 받을 수 밖에는 없는데, 과연 대출 상환을 얼마 동안 해야 하는가? 가 큰 고민거리입니다. 우리 나라는 특히 '남의 돈'을 빌리는 것에 익숙하지 않은 듯 합니다. 되도록이면 빨리 없애고 싶은 마음이 크지요. 있으면 불안한 돈이 '남의 돈'이고, 왜인지는 모르지만 갖고 있을 수록 죄스러운 마음까지 드는 게 '부채' 입니다.

— 신혼 집 마련을 위해 은행에서 전세금의 50%를 대출했다. 이자비용이 아까워서, '남의 돈'이 불편해서 상환을 빨리 잡는다. '얼른 갚고 돈을 모아야지' 라고 다짐하면서 2년 내 상환하겠다는 계획을 세우지만, 생각만큼 쉽지는 않다. 상환액은 월급의 50% 가까이 되는데, 줄어드는 것 같지도 않고 양가 부모님 경조사에 동생 결혼 등 생각지도 않게 돈을 사용해야 할 사항이 툭 튀어 나온다. 분명히 돈을 갚고 있는데 모이는 것은 없고, 난 그냥 돈 버는 기계 같다. 나를 위해서 버는 건지 은행에 갖다 바치기 위해서 버는 건지.

어느 새 2년이 지났다. 집 주인은 전세값을 올려 달라고 한다. 이제야 빚이 없구나...싶었는데 또 생겼다. 아내와 기분 전환 겸 여행을 다녀온 뒤, 생각지도 않았던 아이가 생겼다. 다 갚은 후에 갖자고 그렇게 다짐했건만... 분명 축복인데 왜 이렇게 힘든 걸까. —

'주택자금 상환'을 제1 목표로 삼았던 한 가장의 독백입니다. 어디서 많이 들던 이야기 아닌가요? 이 가정의 재정적 위험성은 어디서부터 나온 것일까요?

　자금을 부동산 자산에만 지속적으로 투입함으로써, 상대적으로 준비해야 할 다른 부분이 취약해 졌습니다. 돈이라는 게 계획대로만 사용된다면 좋겠지만, 당장 바로 앞에 무슨 일어날 지 모르는 게 사람 일입니다. 신혼부부라면 예상에는 없던 물품들을 구매할 수도 있고, 각종 집안 경조사에 축하 답례 등등 지출 통제에 어려움이 많은 때입니다.

　거주지를 옮길 때에는 항상 비용이 들어가기 마련이지만, 특히 신혼 때에는 결혼식과 맞물려 투입비용이 상당히 많습니다. 알게 모르게, 지출로 인한 상실감 또한 커질 가능성이 높습니다. 부채를 줄여 이자비용을 낮추는 것도 중요하지만, 가용 자금을 먼저 마련하는 것이 순서가 아닐까 생각됩니다.

이초보: 어떠세요? 두 분께 일어날 가능성이 충분히 있는 상황 아닐까요?

정예랑: 거봐. 나도 벌써부터 결혼식에 들어갈 돈 때문에 머리가 아프다고. 어떻게 모은 돈인데 ㅠ.ㅠ

박예분: 이건 정말 생각도 못했던 부분인데요? 전세자금을 갚으면 2년이고, 바로 해결될 줄 알았는데…다시 0이 된다 생각하니까…

이초보: 지금 두 분의 연령이 어떻게 되시지요?

정예랑: 30살 동갑입니다.

이초보: 같은 나이라 하더라도 여성이 남성보다 사회 진출이 빠릅니다. 군 생활을 무시할 수 없지요. 신혼일 경우는 아내가 남편보다 월급이 많은 경우가 많습니다. 다달이 10~20만원씩 더 들어오는 것을 무시하지 못하지요.

정예랑: 맞아요. 이 사람이 저보다 월급을 많이 받아요.

박예분: 계획대로면 저희는 대출 갚고 바로 아이 가지려 했거든요. 근데 전세금 상승을 왜 생각을 못했지? 그때 또 대출 생길텐데…34? 36은 너무 늦는데…다시 생각해 봐야겠네요.

이초보: 정주임님, 요즘 돈 쓰는 거 허무하지 않으세요?

정예랑: 맞아요!! 벌써 지출 예정만 몇 천 만원이에요. 제가 이거 모으느라 얼마나 노력했는데…갑자기 나간다고 생각하니까 왜 이랬나 생각도 들어요. 분명 필요한 것에 쓰는 것이긴 하지만…괜히 술 마시면서 월급타령하는 게 아니라니깐요. 방금 사례 중에 '돈 버는 기계'란 표현 있었잖아요. 엄청 공감했습니다.

박예분: '빚 갚아봐야 원점'이라는 것에 무척 놀랐어요. 다시 한 번 고민해 봐야 할 듯 하네요. 앞으로 달마다 사용하려는 금액도 조금 더 생각해야겠어요. 정말 감사합니다.

정예랑: 재무설계라고 하면 상품 파는 수단으로만 생각하고 있었는데, 상담다운 상담을 받은 것 같아요. 솔직히 오기 망설였었는데 상황이 상황인지라 한 번 즈음 들어나 보자 해서 왔는데 기대 이상입니다. 앞으로 다른 것들도 많이 여쭤보아야 할 것 같아요.

이초보: 도움이 되셨다니 저도 다행입니다. 근데 두 분, 고정적으로 나가는 돈이 110만원이라고 하셨지요? 진행하면서 어디서 어떻게 나가는지 확인해 보도록 하겠습니다.

07

재무설계 보고서와 재무상담 기초자료

01 초심자의 행운
02 재무상담 기초자료

07 / 재무설계 보고서와 재무상담 기초자료

1) 초심자의 행운

이초보가 정식으로 재무설계사가 된 지, 1년이 지났다.

점심식사를 하면서, 김팀장이 뜬금없이 이초보에게 질문을 던진다.

"초보씨, 혹시 '초심자의 행운' 이란 말 들어봤어요?"

"아니요? 그게 뭔가요?"

"네, 초심자의 행운이란 투자나 도박 등에서 아직 룰도 잘 모르는 초보자가 돈을 따는 행운을 말합니다. 대개의 경우 초심자의 행운이 결과적으로 초심자들을 방심해서 더 큰 돈을 잃게 만들기도 하고, 도박에 중독이 되게

하기도 하죠. 다른 한편으로 어떤 일에 익숙해지면, 뭐랄까 초심을 잃게 되면서 실수를 하게 되거나 열정을 잃게 될 수도 있다고 해석할 수도 있구요."

"그렇군요. 초심자의 행운이라..."

"초보FP도 이제 1년 가까이 재무설계사로 일을 하고 있네요. 지금까지 지켜보면 이제 더 이상 초보가 아닌 거 같아요. 그런데 초보씨는 처음 이 일을 시작할 때의 초심(初心)이 뭐였나요?"

"네.. 돈에 대한 궁금증, 그것을 속 시원하게 알려주는 사람이 주변에 없어서 갑갑했죠. 재무설계가 그 답이 될 거 같았어요. 그리고 주변사람에게 돈에 대해 정확한 조언을 해주는 그런 도움되는 일을 해보고 싶다는 게 제 초심이었습니다."

"지금 갖고 있는 그 생각을 잘 지켜가시기 바랍니다. 그런데 초보씨는 재무설계 보고서를 어떻게 작성하고 있나요? 오랜만에 하고 계신 부분을 같이 살펴보고 싶은데."

"그럼 저도 고맙죠. *^^*"

이초보는 신이 나서 최근에 상담이 마무리된 한 고객의 재무설계 보고서를 김 팀장에게 가져왔다.

재무설계 보고서엔 어떤 내용이 담기는가?

1) 가족현황 및 프로필
   - 부모의 은퇴 여부 및 부부의 맞벌이 유무
   - 현재 거주현황 및 자녀 유무(자녀에 대한 계획)
2) 재무목표
   - 현재 생활비 내의 지출과는 별도로 목돈이 필요한 계획
   - 은퇴와 자녀교육비 관련 목표는 별도로 계산
3) 현재 자산현황 정리
   - 재무상태표
   - 현금흐름표
4) 재무비율 분석
   - 자산배분 현황
   - 현금흐름 현황
5) 재무목표별 필요자금 분석
   - 인플레이션을 감안한 목표시점 필요자금
   - 현재 저축을 유지했을 때 준비자금
   - 부족자금을 모으기 위해 필요한 예산
6) 포트폴리오 변경안
   - 기존 포트폴리오의 유지, 변경 및 신규 제안
   - 변경된 포트폴리오 적용 시 달라지는 재무비율 분석 및 재무목표 달성 가능성

2) 재무상담 기초자료

"초보씨, 재무설계보고서를 작성하는 실력이 수준급이네요. 이젠 제가 배워야겠어요."

갑자기 김팀장이 평소에 하지 않던 칭찬을 하기 시작하자, 이초보는 괜히 불안해졌다.

"이초보씨, 보고서 잘 쓰는 비결이 뭔지 알려줄래요?"

김팀장은 연이어 진지한 목소리로 묻는다. 재무설계 컨테스트 수상 경력도 있는 베테랑인 김팀장이 이런 칭찬을 자꾸 하니까 더욱 부담스러워진 이초보는 기어들어가는 목소리로 대답했다.

"저는 아직 잘 모르지만, 처음 상담할 때 고객과 숫자만 논하는 게 아니라, 비재무적인 부분 즉 고객의 심리상태, 가치관 등을 최대한 담으려고 노력했던 것이 도움이 된 것 같습니다."

"멋진데요. 맞아요. 재무보고서의 핵심은 재무상담 기초자료를 얼마나 잘 작성하느냐에 달려 있죠."

"그런데 그것은 고객이 작성하는 거 아닌가요?"

"처음 작성하는 건 고객이 하는 거죠. 그런데, 초보자인 고객이 잘 작성할 수 있겠어요? 고객이 작성해온 기초자료 속에 숨겨진 정보를 질문을 통해 끄집어내는 것은 재무상담사가 해야 할 몫인 거죠. 중요한 것은 바로 '질문' 입니다."

이초보는 처음 김팀장 팀에 배속되었을 때가 생각났다. 김팀장은 교육할 때 늘 질문으로 시작했다. 어느덧 그 방식에 익숙해져서, 이초보 자신도 고객과 상담을 할 때 좋은 질문을 던지기 위해 많이 듣고, 고민하는 것이 습관이 되었다. 그게 좋은 상담을 할 수 있었던 비결이었던 것이다.

김팀장이 말을 이어갔다.

"재무상담을 하다보면, 가끔식 수익률과 예산 등 숫자에만 눈이 가고 그 안에 담긴 고객의 삶을 놓치는 경우가 있어요. 그런데 이초보씨의 보고서를 보니, 다행히도 고객의 마음을 담으려고 노력한 흔적이 보이네요. 좋은 재무설계사에요."

끊임없이 이어지는 칭찬.
이초보는 괜히 으쓱해졌다. 그런데 김팀장이 한 마디를 더 남긴다.

"보고서에 쓰이는 용어만, 조금 더 쉽게 고객 눈높이에 맞춰주면 좋겠는데.."

이초보는 김팀장이 한 마디씩 던지는 조언을 가볍게 듣지 않았다.

"넵!!"

생애주기별 재무관심사

결혼과 내집마련 시점이 점점 다양해지는 모습을 감안하면, 연령대별로 재무관심사를 구분하는 것보다는 생애주기의 주요단계에 따른 관심사로 재구성하는 것이 훨씬 더 합리적이다. 이와 관련해서 주요 재무관심사를 구분해보면 아래와 같다.

1) 미혼들의 재무관심사

기간	미혼들의 재무관심사
단기	청약통장 등 필수 금융상품 준비, 통장의 기능별 활용 및 연말정산 개념 이해
중기	결혼자금 준비, 전세보증금 등 독립자금 준비, 학자금 대출 상환, 투자 개념 이해
장기	은퇴준비 시작, 은퇴설계 개념 이해

2) 신혼부부 재무관심사

기간	결혼 후의 일반적인 재무 관심사
단기	결혼 전 부채상환, 예산수립 및 저축계획, 비상예비자금 모으기, 보험 리모델링
중기	자녀출산 준비, 자동차 구입, 주택마련, 개인연금 가입, 투자계획
장기	자녀교육비 마련, 주택확장, 자녀결혼자금 마련, 은퇴 및 노후생활계획

3) 자녀관련 재무관심사

기간	자녀 출생 후 재무관심사
단기	출산자금 및 육아비용, 국가지원 관련내용, 초중고 학비 관련
중장기	대학자금 및 유학자금, 자녀의 결혼자금 등 장기 계획

4) 주택관련 재무관심사

기간	주택관련 재무관심사
전·월세	전세자금대출 제도의 이해 및 상환계획
청약·매매	매년 달라지는 정부의 주택관련 정책 및 청약제도의 이해
경매	경매를 통한 내집마련 방법

5) 은퇴준비기 재무관심사

기간	은퇴관련 재무관심사
목돈	목돈의 월 지급형 전환, 부동산 등의 현금자산화(주택연금, 매도, 수익형부동산)
연금	공적연금,퇴직연금,개인연금(비과세종신형,소득공제형)의 인출전략

6) 은퇴이후 재무관심사

기간	은퇴이후 재무관심사
위험 관리	세금 및 투자손실로부터 은퇴자산 보존, 건강관리 및 간병자금 준비(보험,충당금)
상속·증여	재산에 대한 통제권 유지, 가족의 정서적 결합, 세무적 리스크 회피

08

모니터링, 끝이 아닌 새로운 시작

08 / 모니터링, 끝이 아닌 새로운 시작

고객 수가 점점 늘어나면서 이초보는 고객과의 약속을 어떻게 지켜가야 할지 고민이 되었다. 그래서 김팀장의 모니터링 방식을 벤치마킹하기로 했다.

"팀장님, 고객 수가 꽤 많으시죠? 어떻게 고객관리를 하고 계시나요?"

"좋은 질문이네요. 어려운 질문이기도 하고. 저는 고객마다 조금씩 다른 대응을 하고 있어요. 아무래도 유료로 관리를 받는 고객은 조금 더 책임감을 갖고, 관리를 하고 있고 무료 고객의 경우는 고객의 요청이 있을 경우에만 지원하고 있습니다."

"주로 어떤 부분을 지원하면 되나요?"

"제 경우는 우선 펀드나 채권, 랩이나 변액보험 등 수익률에 따라 결과가 달라지는 투자형 상품에 대해 영향을 미치는 기본적인 투자환경을 주기적으로 점검합니다. 하지만 단기간의 변동성에 민감하게 대응하지는 않습니다. "

"제가 고객들과 작성하고 있는 IPS(투자정책명세서)를 기준으로 하면 되겠네요?"

"맞아요, 그게 없다면 시장상황에 휘둘려 고객은 초심을 잃고 무리한 투자를 진행하거나 아니면 공포에 질려 성급하게 손실을 확정짓는 경우가 생길 수 있죠. 특히 언론에서는 매우 자극적인 기사로 그런 고객의 심리를 더욱 더 자극하는 경향이 있어요."

"재무목표에 대한 관리는 어떻게 하나요?"

"수익률에 대한 관리보다 더 중요한 것이 고객이 애초에 설정한 재무목표 대비 성취도 점검이죠. 성취도가 예상보다 높거나 혹은 낮은 경우에 그 이유에 대한 분석도 함께 진행해야 합니다. 그런데 이 부분은 고객이 함께 하지 않으면, 지속되기 어렵답니다. 그래서 평소에 고객들과 자주 접하는 것이 중요한 거 같습니다."

"맞아요. 그래야 고객의 재무목표나 개인 상황의 변화 등을 쉽게 감지하고 플랜에 반영할 수 있더라구요."

"그 외에도 세법 개정이나 신상품 출시 등 여러가지 제도상의 변화나, 아니면 금융상품의 만기 점검이나 보험금 청구, 펀드 변경 등 금융상품에 대한 AS가 함께 이뤄져야겠죠."

"해야 할 일이 참 많네요."

"이초보FP도, 현재까지 고객들에 대한 관리가 누구보다 철저한 것으로 알고 있습니다. 그런데 모니터링을 아무리 열심히 해도, 고객들이 그 사실을 모르면 신뢰관계가 약해질 수 있어요. 그러니까 모니터링하고 있는 내용을 고객에게 안내하는 행동, 즉 고객에게 자주 연락하는 것 자체가 최고의 모니터링인 거 같네요."

모니터링은 어떻게 이루어지는가?

모니터링은 재무상담 이후 사후관리를 어떻게 하느냐에 대한 문제입니다. 아무리 훌륭한 계획과 완벽한 포트폴리오도 시간이 흐르면서 보완할 부분이 생기기 마련입니다. 구체적으로 외부 투자 환경의 급격한 변화가 있거나, 고객의 삶 속에 예상치 못한 변수가 생겼다거나, 아니면 애초에 고객이 가지고 있던 재무목표 자체에 변동이 생기는 등의 다양한 이유로 재무설계의 모니터링이 필요합니다.

모니터링은 재무설계사와 고객이 자주 접점을 갖는 것이 관건입니다. 방법은 미팅을 잡거나 이메일이나 간단한 통화라도 상관없습니다. 중요한 것은 고객의 변화를 재무설계사가 제대로 인지하고 이에 따른 적절한 대응을 해주는 것입니다.

개별상품의 수익률 현황 등은 개인도 확인할 수 있습니다. 오히려 투자결과에 대한 해석, 이에 따른 포트폴리오 변경 여부 그리고 애초 목표했던 대로 가고 있는지에 대한 진단 등이 모니터링의 핵심요소가 됩니다.

재무목표 별 성취도 점검

목적	여행자금	모니터링 시점	25개월차
기간	48개월	목표자금	542만원
목표자금	1148만원(현가 1000만원)	목표 달성률	47.2%
물가상승률	3.5%	실제 준비금액	602만원
목표수익률	8.0%	목표대비	60만원 미달/초과
월 적립액	20만원	원인	1 / 2 / 3 / 4

목표
100% 1148 만 / 48 개월
47.2% 542 만 / 25 개월

성과
52.4% 602 만

1. 수익률 오차
2. 저축 및 투자패턴의 변화(납입중지, 추가납입, 증액, 감액 등)
3. 소규모 및 지출규모의 예측 실패
4. 재무상담 후 실행지연
5. 기타

EPILOGUE
에필로그

이 때 이초보의 스마트폰이 울리기 시작했다.

"여보세요?"

"이초보FP님, 저 나소심인데요.. 잘 지내시죠?"

"네, 지난번 모니터링 미팅 때 뵙고 거의 두 달 만이네요."

"그런가요? 사실 이번에 소개시켜드리고 싶은 분이 있는데요? 제가 상담 때 꼭 동행하고 싶어서요."

"아, 저야 고맙지요. 어떤 분인가요?"

"사실은 얼마전에 소개팅으로 알게 된 분인데요, 너무 맘에 들어서 이 분과 결혼도 생각하고 있는데, 그 전에 꼭 재무상담을 함께 받아볼려구요."

이초보는 나소심의 이야기를 듣고 기분이 매우 좋아졌다.

"이제 나의 고객들도 인생의 한 부분 한 부분을 나와 함께 하려 하는구나. 이런 기분이 고객과 함께 성장하는 기분이구나."

이를 옆에서 지켜보던 김팀장도 흐뭇한 기분이 들었다.

'여기 또 한 명의 재무설계사가 걸음마를 시작하는군. 이초보는 좋은 재무설계사가 될 수 있을 거야. 나도 분발해야겠는 걸.'

POSTSCRIPT
후기

대한민국 금융의 미래, 재무설계사의 미래 그리고 고객의 미래

01

고객은 현재의 금융 서비스에 대해 뭐가 2% 부족한 점을 느끼고 있다. 재무설계사의 미래, 더 나아가 대한민국 금융의 미래는 바로 그 부족한 부분을 어떻게 채워나가느냐에 달려 있을 것이다.

재무설계사는 기본적으로 모든 금융기관으로부터 독립되어 있어야 하고, 동시에 연결되어 있어야 한다. 고객과도 항상 연결되어 있어야 하고, 고객의 입장에서 고객이 가진 고민을 이해해야 한다.

금융산업은 기본적으로 고객과 금융사의 정보의 비대칭에서 오는 우위를 한동안 누려온 것이 사실이다. 하지만 이제 세상이 달라졌다. 비용과 위험에 대해서 고객들이 마음만 먹으면 확인이 가능한 세상이 되었고, 세금에 대해 과장된 공포 마케팅도 그 한계점에 다다르고 있다.

그럼에도 여전히 많은 이들이 정보의 사각지대에 있다. 기본적으로 귀찮기 때문이고, 무엇을 확인해야 할지조차 모르기 때문이고, 무엇보다 스스로의 삶을 영위해가는 것만 해도 너무 바쁘기 때문일 것이다.

　재무설계사는 바로 그런 분들을 위해, 그 분들이 시행착오를 더 이상 겪지 않게 하기 위해 존재해야 한다.

　이 책을 쓰는 기간 동안, 금융기관의 부도덕한 모습들을 엿볼 수 있는 여러 가지 사건들이 있었다. 이제 소비자들이 현명해져야 한다. 필자는 감히, 소비자들이 현명해지기 위해 좋은 재무설계사를 찾고, 그들을 적극적으로 활용하라고 조언하고 싶다.

　이원선 재무설계사를 비롯한 많은 후배 재무설계사들이 현명한 금융소비자들에게 선택될 좋은 금융인으로 성장하길 간절히 바라고 또 바란다.

　한편 이 글의 내용에 담긴 대부분의 내용이 실화이고 진실이라 해도, 일부 내용은 고객 비밀 유지를 위해 각색된 부분이 있다는 점을 한번 더 밝히고자 한다. 아울러 일부 의견은 재무설계사 간에 엇갈린 견해가 있을 수도 있음을 인정한다.

　이 책을 이 시대를 열심히 살아가는 '직장인'과 '재무설계사' 모두를 위한 선물로 드리고 싶다.

저자 **김현용**

02

　원래 예상 보다 한참이나 늦었다. 글을 잘 쓰고 싶었던 욕심에 이리 저리 수정하다 보니, 처음 예상보다 분량도 많이 늘어났다. 필자에게는 논문 아닌 논문이 되어버렸다.^^;;;

　글을 쓰면서, 재무설계에 대한 나름대로의 정의가 명확해지지 않았나 싶다. '돈'이라는 주제로 엮이지만, 결국은 '사람과 사람 사이의 관계'로 연결된다고 생각된다. 상담이 진행되면서 점점 고객을 알게되고, 이해하게 되고, 서로에게 좋은 벗이 된다.

　물론, 뜬구름 잡는 이상적인 이야기만 있는 것은 아니다. 상담수수료이든, 상품의 유치든 거기에 상응하는 대가가 주어진다. 서비스에 대한 정당한 대가이다. 하지만 상품 판매를 목적으로 상담하는 게 아니라는 것만은 재차 강조하고 싶다.

　서문에서 말했다시피, 주인공은 필자를 거의 그대로 투영했다. 처음 업에 들어오면서 들었던 느낌과 시행착오를 떠올리며 쓰기 시작했다. 처음에는 많은 것들을 넣을 수 있으리라 여겼는데, 막상 쓰고 보니 아쉬운 점이 한두 가지가 아니다. 정제해야 할 것들도 많고, 지문의 한계상 '어디서부터 어디까지 쓰는 게 맞는 것인지' 나름대로의 기준을 세우는 것도 쉽진 않았다. 그래도 재무설계사로서 활동하면서 있었던 상담 사례, 후기 등을 거의 그대로 활용했기에 자체로도 의미가 있고, 조금이나마 이 책을 통해 재무설계가 제대로 인식될 수 있다면 저술 나름의 목적은 달성하지 않았나 생각한다.

  작업을 마무리하게 되면 고마운 사람들이 먼저 떠오른다고들 한다. 필자는 그보다 먼저 미안한 사람들부터 떠오른다. 학창시절부터 지금까지 주변에서 많은 도움을 받았고, 많은 가르침을 받았다. 또한, 본의 아니게 마음에 상처를 주었던 사람들이 떠오른다. 마음속으로나마 그분들에게 감사와 미안한 마음을 담아, 조심스레 책을 앞에 내 놓는다.

저자 **이원선**

09

부록

01 | 한국형 가계재무비율 도출 및 가이드라인 제안

02 | 투자정책명세서

03 | 보험상품 비과세 관련 소득세법 조항 및 시행령

부록 ①

한국형 가계재무비율 도출 및 가이드라인 제안

(2012년 12월 7일 FP학회 발표)

양세정(상명여대), **주소현**(이화여대), **차경욱**(성신여대), **김민정**(충북대)

해설 한국FP학회를 통해, 2012년 상반기에 발표된 한국가계모형연구의 후속편으로 2012년 12월에 '한국형 가계재무비율 도출 및 가이드라인 제안'이 발표되었다. 전자의 경우가 통계청 자료를 기반으로 한국 가계 현황의 평균을 도출해냈다면, 후자의 경우는 기존에 발표되었던 재무비율 등의 가이드라인을 현재 상황에 맞게 새롭게 도출하였다.

총 81페이지 분량으로, 여기서는 Chater 5 '한국형 가계 재무비율 적용 및 평가'를 소개한다. 이 부분에서는 통계청 자료에 기반한 한국 가계의 현재 상황에 새로운 재무비율 가이드라인을 적용하여 구체적 평가를 하고 있다.

이 평가를 통해, 한국 가계의 전반적인 상황이 어떤 방향으로 가고 있는지 참고하는데 도움이 될 것으로 보이며, 이 자리를 빌어 본 연구를 진행하신 연구자들께 감사의 말씀을 드린다.

구체적인 해설은 현업에서 근무를 하는 재무설계사 입장에서 자체적으로 평가를 하였고, 위 연구자의 의도와는 무관함을 사전에 밝혀 둔다.

가 정	저축률	목표 달성률 1. 은퇴직전 소득 70%대체 2. 은퇴이후 생활비 200만원 조달
• 가계동향조사 30세 가계를 기준 • 현재 년 소득: 3,663만원 (중간가계 평균 소득) • 30세~60세까지 저축 • 60세에 은퇴하여 은퇴기간 30년 • 수익률: 은퇴이전 6.0%, 은퇴이후 5% • 임금상승률: 3% • 인플레이션: 3%	30대 30% 40대 20% 50대 10%	1. 90.3% 2. 96%
	30대 ~ 50대: 30%유지	1. 125% 2. 134%
	30대 25% 40대 15% 50대 5%	1. 70% 2. 74%

해설 위 표는 가장의 나이가 30세인 가계의 저축률 수준에 따라 주어진 2개의 은퇴 관련 목표를 달성할 가능성을 시뮬레이션 해 본 자료이다. 예를 들어 30대 30%, 40대 20% 50대 10% 수준의 저축을 은퇴목표를 위해 준비할 경우 은퇴직전 소득 70%를 대체하는 데 성공 가능성은 90.3%, 은퇴 이후 생활비 200만원 수준을 조달하는 데 성공할 가능성은 96% 수준이 된다.

부채지표 시뮬레이션

• 현금흐름 측면에서 부채상환액이 증가하는 경우 기타 지출 여력이 감소하게 됨

가계지출 항목별 비중 (2011년 가계동향조사)		2003년 이후 가계의 교육비 지출 상승률 평균	
식료품, 비주료음료	14.2%	초등교육비	2.04%
음식, 숙박	12.5%	중등교육비	2.00%
교육	12.3%	고등교육비	8.87%
교통+통신	18.3%	학생학원교육비	6.11%
주거수도광열+가정용품	13.9%	성인학원교육비	3.36%
보건	6.5%	동기간 물가상승률	3.22%

해설 좌측은 가계지출 중 해당 항목들이 차지하는 비중의 평균값이고, 우측은 교육비로 지출되는 금액의 연 평균 상승률이다.

금융투자성향지표 시뮬레이션

- 개인의 위험수용성향과 가계자산 상태에 따라 다르게 설정되어야 하는 지표이지만 목표수익률 달성을 위해 금융투자자가 필수적임.
- 지난 10년 주식 및 채권 수익률을 기본으로 다양한 포트폴리오의 수익률을 시뮬레이션 (10,000회) 함.

주식편입비중	10%	20%	30%	40%	50%
Base Rate	5.47%	6.1%	6.7%	7.3%	8.0%
6%이상 수익률달성 가능	35.7%	51.3%	55.7%	57.7%	59.4%
8%이상 수익률달성 가능	4.24%	28.3%	41.2%	46.4%	50%
- 수익률 가능	0%	3.3%	10.8%	15.4%	19.4%
수익률 Range	0~12%	-6~19%	-12~29%	-21~46%	-27~45%

해설 주식과 채권의 실제 투자수익률을 적용하여, 주식 편입비중에 따른 목표 수익률 달성가능성 및 손실가능성을 확인할 수 있다.

가계수지지표(총지출/총소득)

단위:만원	전체평균(중앙값)	보유가구비중	보유가구평균(중앙값)
총지출	241(228)	100%	241(228)
총소득	278(277)	100%	278(277)

가이드라인: 4~6이하		적정가구 비중	지표 값 (단위:배) - 전체가구	
			평균	중앙값
전체(소득중간 80%가계)		25.6%	90.3	85.4
소득수준별	250만원 이하	21.2%	98.7	91.5
	~ 400만원 이하	27.4%	85.5	83.5
	~ 600만원 이하	31.3%	81.3	79.7
	~ 600만원 초과	58.4%	67.6	60.6
연령별	20대	31.5%	85.4	80.0
	30대	21.7%	89.2	84.4
	40대	18.1%	93.8	89.2
	50대	29.2%	90.2	84.0
	60대 이상	34.4%	88.1	80.1

해설 적정가구 비중을 주목해서 살펴보면 된다. 가계수지지표 즉 총소득 대비 총지출이 70%이하 라는 기준을 만족시킨 가구가 '적정가구'가 된다. 예를 들어 30대 가구의 21.7%만이 적정가구라는 것은 반대로 78.3%의 가구는 지출수준이 과도하게 높음을 의미한다. 본 자료를 통해 소득 연령에 무관하게 전반적으로 지출수준이 높음을 알 수 있다.

비상자금지표(유동성자산/총지출)

단위:만원	전체평균(중앙값)	보유가구비중	보유가구평균(중앙값)
유동성자산	1,833(482)	98.2%	1,867(500)
총지출	234(216)	100%	234(216)

	가이드라인: 4~6이하	적정가구 비중	지표 값 (단위:배) – 전체가구	
			평균	중앙값
	전체(소득중간 80%가계)	37.9%	7.78	2.29
소득수준별	250만원 이하	35.0%	8.47	1.88
	~ 400만원 이하	36.5%	7.35	2.22
	~ 600만원 이하	40.0%	6.70	2.71
	~ 600만원 초과	47.5%	7.98	3.65
연령별	20대	29.5%	4.12	1.80
	30대	32.6%	5.20	2.08
	40대	31.7%	5.09	1.87
	50대	39.6%	7.82	2.32
	60대 이상	51.4%	14.43	4.17

해설 적정가구 비중을 주목해서 살펴보면, 비상자금지표를 만족시키는 가계가 전체적으로 40%가 되지 않음을 알 수 있다. 참고로 본 자료에서는 과거의 재무비율과 달리 입출금이 자유로운 저축 및 예적금을 유동성자산에 포함했으며, 총지출의 경우 '고정지출(비소비지출포함)+변동지출'의 방식으로 도출하였다.

총부채상환지표(총부채상환액/총소득)

단위:만원	전체평균(중앙값)	보유가구비중	보유가구평균(중앙값)
총부채상환액	509(96)	57.6%	884(444)
총경상소득	3,379(3,068)	100%	3,379(3,068)

	가이드라인: 30% 이하	적정가구 비중 전체(보유가구)	지표 값 (단위: %) – 보유가구	
			평균	중앙값
	전체(소득중간 80%가계)	85.4%(75.2%)	25.0	14.0
소득수준별	250만원 이하	84.7%(68.2%)	30.2	16.8
	~ 400만원 이하	84.0%(75.1%)	24.7	14.0
	~ 600만원 이하	86.9%(80.9%)	21.9	11.4
	~ 600만원 초과	88.7%(83.9%)	17.6	10.0
연령별	20대	87.9%(74.7%)	26.6	15.0
	30대	84.1%(76.1%)	24.2	13.8
	40대	83.5%(76.1%)	25.9	13.7
	50대	83.2%(73.8%)	25.9	13.0
	60대 이상	90.4%(74.3%)	24.5	13.3

해설 적정가구 비중을 주목해서 살펴보면 80%이상의 가구가 총부채상환지표 가이드라인을 만족하는 편이다. ( )안의 숫자는 실제 부채를 보유 중인 가구 중에서 적정가구 수준을 의미한다.

총부채부담지표(총부채/총자산)

단위:만원	전체평균(중앙값)	보유가구비중	보유가구평균(중앙값)
총부채	4,146(850)	66.7%	6,219(2,800)
총자산	24,892(15,424)	100%	24,892(15,424)

가이드라인: 30% 이하		적정가구 비중 전체(보유가구)	지표 값 (단위: %) – 보유가구	
			평균	중앙값
전체(소득중간 80%가계)		83.8%(75.8%)	44.1	19.4
소득수준별	250만원 이하	82.7%(70.2%)	64.7	21.1
	~ 400만원 이하	83.8%(76.7%)	39.9	19.7
	~ 600만원 이하	83.9%(78.8%)	27.7	18.7
	~ 600만원 초과	88.1%(84.3%)	22.4	16.8
연령별	20대	83.3%(66.2%)	61.2	21.5
	30대	81.5%(73.9%)	44.4	22.9
	40대	80.4%(73.5%)	48.4	22.2
	50대	82.8%(76.1%)	45.1	18.1
	60대 이상	91.3%(83.7%)	31.5	13.1

해설 총자산 대비 적정한 수준으로 총부채를 갖고 있는 적정가구의 비중 역시 80%를 상회한다.

총부채부담지표(총부채/총자산)

단위:만원	전체평균(중앙값)	보유가구비중	보유가구평균(중앙값)
거주주택부채잔액	942(0.00)	17.2%	5487.8(4,000)
총자산	24,892(15,424)	100%	24,892(15,424)

가이드라인: 30% 이하		적정가구 비중 전체(보유가구)	지표 값 (단위: %) – 보유가구	
			평균	중앙값
전체(소득중간 80%가계)		95.3%(72.8%)	21.5	17.5
소득수준별	250만원 이하	96.8%(70.5%)	22.1	18.6
	~ 400만원 이하	93.8%(69.8%)	22.7	18.4
	~ 600만원 이하	94.3%(75.5%)	20.5	15.9
	~ 600만원 초과	94.5%(77.1%)	19.9	16.6
연령별	20대	97.1%(44.6%)	34.8	41.6
	30대	92.0%(65.5%)	25.0	21.7
	40대	94.4%(73.7%)	21.1	17.6
	50대	96.0%(77.5%)	19.0	15.2
	60대 이상	98.5%(83.6%)	16.3	12.7

해설 총자산 대비 적정한 수준으로 거주주택 부채를 갖고 있는 적정가구의 비중은 95%를 상회한다.

보장성보험준비지표(보장성보험료/총소득)

단위:만원	전체평균(중앙값)	보유가구비중	보유가구평균(중앙값)
보장성보험료지출액	24.6(20.4)	88.6%	27.8(23.4)
총지출	277.8(276.6)	100%	277.8(276.6)

가이드라인: 4~6이하		적정가구 비중	지표 값 (단위:배) – 전체가구	
			평균	중앙값
전체(소득중간 80%가계)		10.3%	8.7	7.3
소득수준별	250만원 이하	6.7%	8.2	5.5
	~ 400만원 이하	10.4%	9.5	8.4
	~ 600만원 이하	18.7%	8.3	7.6
	~ 600만원 초과	7.2%	4.2	2.3
연령별	20대	5.7%	5.2	3.9
	30대	13.5%	9.6	8.7
	40대	10.1%	9.9	8.6
	50대	12.1%	10.2	8.5
	60대 이상	6.5%	5.5	2.6

해설 총소득 대비 보장성보험료 수준이 가이드라인을 만족시키는 비율이 10% 전후로 상당히 낮은 편이다. 보장성보험료가 가계의 큰 부담이 되고 있음을 알 수 있다.

보장성보험준비지표(보장성보험료/총소득)

단위:만원	전체평균(중앙값)	보유가구비중	보유가구평균(중앙값)
총저축액	44.4(30.3)	91.9%	48.3(34.0)
총소득	277.8(276.6)	100%	277.8(276.6)

가이드라인: 4~6이하		적정가구 비중	지표 값 (단위:배) – 전체가구	
			평균	중앙값
전체(소득중간 80%가계)		12.5%	15.1	11.2
소득수준별	250만원 이하	11.0%	13.0	7.9
	~ 400만원 이하	13.6%	16.4	12.7
	~ 600만원 이하	13.7%	17.3	13.9
	~ 600만원 초과	7.7%	12.5	8.1
연령별	20대	14.2%	16.5	11.1
	30대	15.4%	17.7	13.9
	40대	12.5%	15.6	11.9
	50대	13.3%	16.4	12.6
	60대 이상	8.7%	10.5	4.9

해설 총소득 대비 총저축 비중이 30%를 넘는 가구가 10%를 겨우 넘는 수준이다. 상기 몇 개 자료를 종합해보면 부채상환부담보단 과도한 보험료 및 지출로 인한 저축수준의 감소가 전반적인 한국 가계의 문제점으로 확인된다.

투자정책명세서

아래 내용은 실제 미국의 한 독립재무설계회사에서 개인 고객에게 만들어진 '투자정책명세서'를 일부 발췌하여 번역한 것입니다. 이 개인 고객(부부)는 이미 오래 전부터 투자에 대해 정기적인 점검을 받아왔기에, 일정 수준 이상의 사전 지식을 갖고 있습니다. 그렇기에 사용되는 용어의 수준이 상황에 따라서 굉장히 어렵게 느껴질 수 있지만, 최대한 원문에 가깝게 번역했습니다.

투자정책명세서
(Investment Policy Statement)

(견우 & 직녀 부부께 드립니다)
OOO사

개요(Introduction)

본 투자제안서는 고객의 투자 성향에 맞게 포트폴리오를 작성, 고객(견우와 직녀)과 설계사(OOO사)간의 명확한 관계를 확립하고자 작성되었습니다. 투자제안서에는 아래의 내용이 포함됩니다.

- 고객 투자자산의 기대수익률, 목표치, 이에 따른 지침을 설정하고
- 다양한 자산 구성을 토대로 고객에게 적합한 투자위험 수준에서 장기적인 수익을 낼 수 있도록 작성하였습니다. 아래의 내용을 포함합니다:

  ▫ 고객의 위험 성향에 맞게 포트폴리오를 제시하고 이를 설명합니다
  ▫ 목표 자산을 만들기 위한 자산배분 정책을 명시합니다
  ▫ 설계사가 이러한 방법(다양한 자산구성)을 사용한 이유를 제시합니다.
  ▫ 포트폴리오를 통해 증가한 자산을 어떻게 평가할지 기준을 제시합니다.

- 고객과 재무설계사간의 책임관계를 명시합니다.
- 고객과 재무설계사간의 효과적인 의사 소통을 장려합니다.

본 제안서는 계약서가 아닙니다. 법적으로 제도적인 보호를 받을 수 없으며, 투자방법 및 고객-설계사간의 향후 실행일정을 요약한 것입니다. 제안서는 다양한 투자 방법을 사용하였으며, 고객의 위험 성향에 맞게 현 재무상태를 토대로 향후 자산의 운용방법을 고려합니다.

제안서는 고객의 (재정)변화사항과 포트폴리오의 구성, 시장의 변화에 따라 정기적으로 변경될 수 있습니다.

제시된 목표 및 투자목적의 달성을 100% 보장하지는 않습니다.

투자제안의 기본배경

투자제안서의 정의
이 제안서는 고객에게 맞는 투자방법과 원칙, 나아가 장기적으로 어떻게 관리를 할 것인지에 대하여 많은 부분을 고려한 뒤에 작성되었습니다.

왜 서면으로 명기하나요?
이 내용을 서면으로 작성하는 주된 이유는 고객-재무설계사간에 의논된 사항들이 즉흥적으로 변화되지 않기를 바라기 때문입니다. 만약 설정된 기준이 없다면, 급변하는 시장 상황에서 (신중하게 결정되어야 함에도 불구하고) 투자 결정이 원칙없이 바뀔 수 있기 때문입니다. 제안서는 상황에 맞는 합리적인 투자를 할 수 있도록 체계적으로 작성되었습니다.

제안서는 고객의 재무 목표를 이룰 수 있도록 작성됩니다. 재정 상태의 평가, 목표 설정, 목표 달성을 위해 (전략적인) 방법을 세우고 이를 실행합니다. 여기에 시장 상황을 반영한 정기적인 모니터링까지 포함됩니다. 이에 따라 고객은 투자에 체계적으로 접근할 수 있으며 이는 목표 수익에 좀 더 가까워질 수 있습니다.

고객의 상황

고객(견우와 직녀 부부)은 40대 중반의 부부이며 직녀는 경제연구원으로, 견우는 부동산 회사에서 일하고 있습니다. 10년 뒤에 은퇴할 계획을 세우고 있으며 8살, 10살 아이들의 대학자금 마련 목적으로 CMA 계정을 가지고 있으며 이를 보완하기 위해 대학자금

만드는 계획을 생각하고 있습니다. 일전에 다른 재무설계사로부터 투자정책 제안을 받고 실행했으나, 수익률이 만족스럽지 못하여 다른 방법을 찾고 있습니다.

고객의 수입은 높으나 일반적인 경제상황을 반영하면 해가 갈수록 심리적 불안감이 높아지고 있습니다. 은퇴 시까지(55세) 2억~5억 원/연 의 수입을 예상하며 평균 수입은 약 3억 6천 만원 정도로 예상됩니다.

내년 물가는 올해와 대략 비슷할 것으로 예상하며 앞으로 몇 년 동안 상승할 것이라 생각하고 있습니다. 경제 상황이 점차 호전될 것이라 생각합니다.

(이하 생략)

부록 ③

보험상품 비과세 관련 소득세법 조항 및 시행령

소득세법[2013.03.22-11652 호]타법개정

제16조【이자소득】

① 이자소득은 해당 과세기간에 발생한 다음 각 호의 소득으로 한다. 〈개정 2010.3.22, 2012.1.1〉

   1~8. 생략
   9. 대통령령으로 정하는 저축성보험의 보험차익

동법 시행령 - 제25조【저축성보험의 보험차익】

①법 제16조제1항제9호에서 "대통령령으로 정하는 저축성보험의 보험차익"이란 보험계약에 따라 만기에 받는 보험금·공제금 또는 계약기간 중도에 해당 보험계약이 해지됨에 따라 받는 환급금(이하 이 조에서 "보험금"이라 한다)에서 납입보험료 또는 납입공제료(이하 이 조에서 "보험료"라 한다)를 뺀 금액을 말한다. 다만, 다음 각 호의 어느 하나에 해당하는 보험계약이나 보험금의 보험차익은 제외한다. 〈개정 1996.5.13, 1998.4.1, 1999.12.31, 2003.12.30, 2005.2.19, 2010.2.18, 2013.2.15〉

1. 계약자 1명당 납입할 보험료 합계액[계약자가 가입한 모든 저축성보험(제2호 및 제3호에 따른 저축성보험은 제외한다)의 보험료 합계액을 말한다]이 2억원 이하인 저축성보험계약으로서 최초로 보험료를 납입한 날(이하 이 조에서 "최초납입일"이라 한다)부터 만기일 또는 중도해지일까지의 기간이 10년 이상인 것(최초납입일부터 만기일 또는 중도해지일까지의 기간은 10년 이상이지만 최초납입일부터 10년이 경과하기 전에 납입한 보험료를 확정된 기간동안 연금형태로 분할하여 지급받는 경우를 제외한다)

2. 다음 각 목의 요건을 모두 충족하는 월적립식 저축성보험계약
가. 최초납입일부터 만기일 또는 중도해지일까지의 기간이 10년 이상일 것
나. 최초납입일로부터 납입기간이 5년 이상인 월적립식 계약일 것
다. 최초납입일부터 매월 납입하는 기본보험료가 균등(최초 계약한 기본보험료의 1배 이내로 기본보험료를 증액하는 경우를 포함한다)하고, 기본보험료의 선납기간이 6개월 이내일 것

3. 다음 각 목의 요건을 모두 충족하는 종신형 연금보험계약
가. 계약자가 보험료 납입 계약기간 만료 후 55세 이후부터 사망시까지 보험금·수익 등을 연금으로 지급받는 계약일 것
나. 연금 외의 형태로 보험금·수익 등을 지급하지 아니하는 계약일 것
다. 사망시[「통계법」 제18조에 따라 통계청장이 승인하여 고시하는 통계표에 따른 성별·연령별 기대여명 연수(소수점 이하는 버린다) 이내의 보증기간이 설정된 경우로서 계약자가 해당 보증기간 이내에 사망한 경우는 해당 보증 기간의 종료시] 보험계약 및 연금재원이 소멸할 것
라. 최초 연금지급개시 이후 사망일 전에 계약을 중도해지할 수 없을 것

4. 피보험자의 사망·질병·부상 그 밖의 신체상의 상해로 인하여 받거나 자산의 멸실 또는 손괴로 인하여 받는 보험금

〈출처 : 국세청 국세법령정보시스템〉

재무설계학교 시리즈 2
재무설계 고수 따라잡기

초판인쇄	2013년 6월 30일
초판발행	2013년 7월 10일
지은이	김현용 · 이원선
발행인	방은순
펴낸곳	도서출판 프로방스
삽화	디자인디도
표지 & 편집 디자인	Design CREO
마케팅	최관호
ADD	경기도 고양시 일산동구 백석2동 1330 브라운스톤 102동 913호
전화	031-925-5366~7
팩스	031-925-5368
이메일	provence70@naver.com
등록번호	제313-제10-1975호
등록	2009년 6월 9일
ISBN	978-89-89239-82-6 03320

정가 15,800원

파본은 구입처나 본사에서 교환해드립니다.